씽크톡톡
Think TokTok

기초에서 활용까지 한 번에 배우는

THINK TOKTOK

엔트리 기초

KB208265

씽크톡톡 엔트리 기초

초판 2쇄 발행_2022년 3월 20일
지은이 도용화, 금미정　**발행인** 임종훈　**편집진행** 인투
표지 · 편집디자인 인투　**출력 · 인쇄** 정우 P&P
주소 서울시 마포구 방울내로 11길 37 프리마빌딩 3층
주문/문의전화 02-6378-0010　**팩스** 02-6378-0011
홈페이지 http://www.wellbook.net

발행처 도서출판 웰북
ⓒ 도서출판 웰북 2022
ISBN 979-11-86296-58-5 13000

꼭 기억하세요!

상담을 원하시거나 컴퓨터 수업에 출석할 수 없는 경우 아래 연락처로 미리 연락주
시기 바랍니다.

_____

_____

타수체크

초급단계

월 일	월 일	월 일	월 일	월 일	월 일
월 일	월 일	월 일	월 일	월 일	월 일
월 일	월 일	월 일	월 일	월 일	월 일
월 일	월 일	월 일	월 일	월 일	월 일
월 일	월 일	월 일	월 일	월 일	월 일

중급단계

월 일	월 일	월 일	월 일	월 일	월 일
월 일	월 일	월 일	월 일	월 일	월 일
월 일	월 일	월 일	월 일	월 일	월 일
월 일	월 일	월 일	월 일	월 일	월 일
월 일	월 일	월 일	월 일	월 일	월 일

고급단계

월 일	월 일	월 일	월 일	월 일	월 일
월 일	월 일	월 일	월 일	월 일	월 일
월 일	월 일	월 일	월 일	월 일	월 일
월 일	월 일	월 일	월 일	월 일	월 일
월 일	월 일	월 일	월 일	월 일	월 일

이 책의 목차

01강 처음 만나는 엔트리

이렇게 배워요!

- 엔트리 프로그램을 실행해보아요.
- 엔트리 화면구성을 알아보아요.
- 엔트리봇을 실행하고 저장해보아요.

01 엔트리 실행하기

엔트리 프로그램을 실행해보아요.

① 인터넷을 실행하고 엔트리 사이트(www.playentry.org)를 검색해요. 엔트리 사이트에 접속이 되면 엔트리 첫 화면에 [다운로드]를 클릭해요. 엔트리 프로그램을 다운로드해서 실행해보아요.

 엔트리 사이트에서도 [만들기]를 통해 엔트리를 실행할 수 있어요. 회원가입을 하면 본인이 만든 작품을 공유할 수 있어요. 내가 만든 작품은 [커뮤니티]에 [마이 페이지]에서 관리할 수 있어요.

❷ 다음 화면이 나오면 컴퓨터 사양에 따라 선택하여 다운로드할 수 있어요. [다음]을 클릭해요.

❸ 다음 화면이 나오면 설치를 선택하고 설치가 완료되면 마침을 클릭해요.

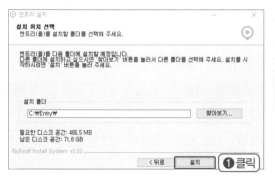

설치 시 엔트리 만들기 환경을 기본형으로 선택해요.

02 엔트리 화면구성 보기

엔트리 화면구성(엔트리 v2.0.5 버전)을 알아보아요.

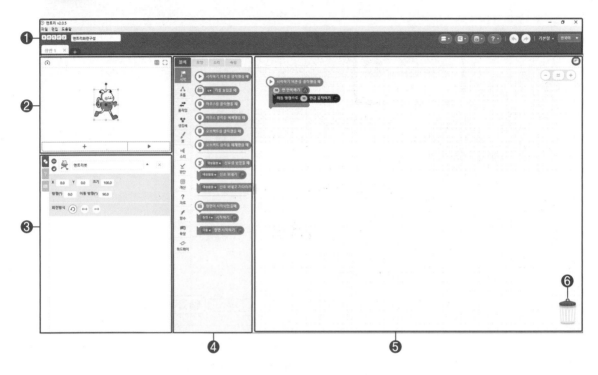

❶ **상단 메뉴** : 작품 이름, 코딩 방식, 새로 만들기, 작품 불러오기, 작품 저장하기, 블록 도움말, 인쇄, 되돌리기, 다시 실행, 언어 선택의 메뉴가 있어요.

❷ **실행 화면** : 블록을 코딩한 데로 작품이 실행하는지 결과를 확인할 수 있어요.

❸ **오브젝트 목록** : 실행 화면에 나타난 오브젝트의 이름과 정보를 나타내고 오브젝트의 속성을 수정하고 제어할 수 있어요.

❹ **블록 꾸러미** : 실행 화면에서 결과를 만들어낼 여러 가지 블록과 모양, 소리, 속성의 탭 들로 구성되어 있어요.

❺ **블록 조립소** : 블록 꾸러미에서 다양한 블록들을 마우스로 끌어와 조립하는 실제로 코 딩 작업이 이루어지는 영역이에요.

❻ **휴지통** : 코딩을 하다가 블록을 잘못 가져오는 경우 블록을 마우스로 잡고 휴지통으로 드래그하면 휴지통 뚜껑이 열리면서 블록이 삭제됩니다.

03 엔트리 실행하기, 저장하기

엔트리 프로그램을 실행하고 저장해 보아요.

① 엔트리 프로그램을 실행해요. 실행 첫 화면에 항상 엔트리봇이 보여요. 화면의 시작
  하기(▶)를 클릭하면 엔트리봇이 이동 방향으로 '10만큼 10번' 이동하도록 실행
  이 돼요.

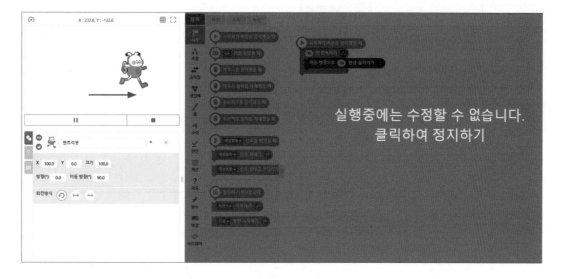

② 저장하기는 왼쪽 상단 박스에 "엔트리 화면구성"이라고 제목을 정하고 [저장하기]를
  클릭하면 돼요. 엔트리 프로그램의 파일 확장자는 .ent에요

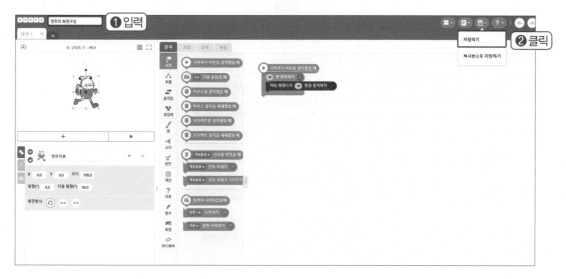

01 엔트리 화면 구성 요소를 빈칸에 맞게 적어보아요.

상단 메뉴

실행 화면

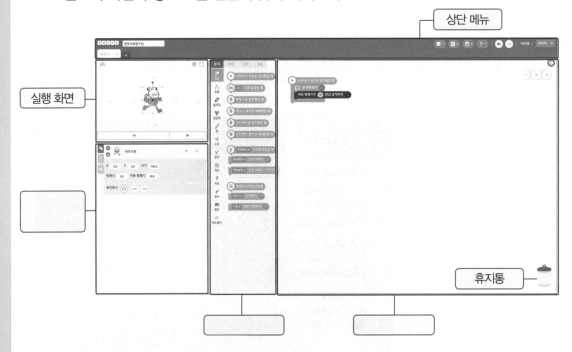

휴지통

02 다음 그림의 엔트리봇이 이동 방향으로 200만큼 움직이도록 만들어 보아요.

📁 [예제파일] 200만큼움직이기.ent

02강 엔트리 동물원

이렇게 배워요!

● 오브젝트를 추가해보아요.
● 오브젝트 위치를 이동하고 크기를 조절해보아요.
● 오브젝트의 방향을 바꿔보아요.

 01 오브젝트를 추가해 보기

다양한 오브젝트를 추가하기 해 보아요.

📁 [완성파일] 엔트리동물원.ent

① 엔트리를 시작하면 첫 화면에 엔트리봇이 항상 보여요. 엔트리봇 오브젝트를 삭제해서 아무것도 없는 실행 화면을 만들어요. 삭제하는 방법은 [오브젝트 목록]에 보이는 엔트리봇의 오른쪽 끝에 [닫기(×)]를 누르거나, 마우스 오른쪽 버튼을 클릭하면 삭제 목록이 나와요.

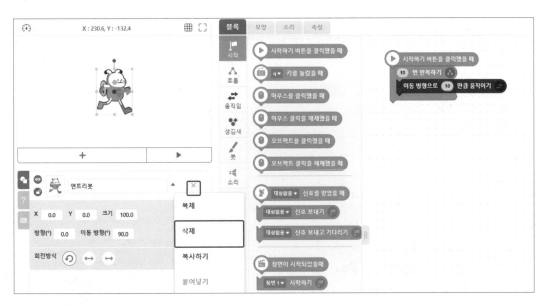

❷ 오브젝트 추가하기(+)를 클릭하고 [동물] 오브젝트에서 '기린'을 선택해서 추가하기를 해요.

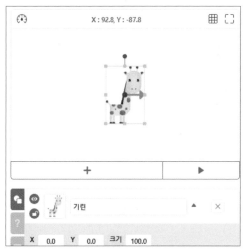 

❸ [동물] 오브젝트에서 '당나귀(1), '뿔이 있는 사슴', '사나운 호랑이', '사자'를 추가하고 [배경] 오브젝트에서 '들판(3)'을 추가해요. 검색창을 사용할 수도 있어요. 배경이 생기고 중심점에 모든 오브젝트들이 겹쳐서 추가된 것을 확인해요.

02 오브젝트의 위치 이동하기, 크기 조절하기

오브젝트의 위치를 원하는 곳으로 이동하고 크기 조절을 해요.

① '사자' 오브젝트를 클릭하고 드래그하여 원하는 위치에 가져다 두어요. 나머지 오브젝트들도 차례대로 원하는 위치에 드래그해보아요.

② 위치 지정이 잘 되었다면 실행 화면에서 '사나운 호랑이' 오브젝트를 클릭해요. '사나운 호랑이' 그림 주변에 8개의 점으로 연결된 네모 박스를 드래그하면 크기 조절이 돼요. 원하는 데로 크기 조절을 해보아요.

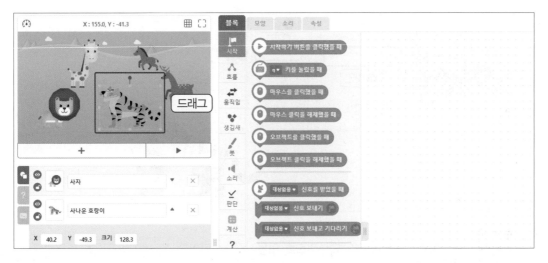

03 오브젝트의 방향 바꾸기

오브젝트의 방향을 바꿔보아요.

① '사나운 호랑이'가 '사자' 반대편을 보도록 방향을 바꿔보아요. '사나운 호랑이' 오브젝트를 클릭한 후 블록 꾸러미에서 [모양] 탭을 선택해요. 큰 호랑이 그림 아래쪽에 [반전(🔄)]을 클릭해요.

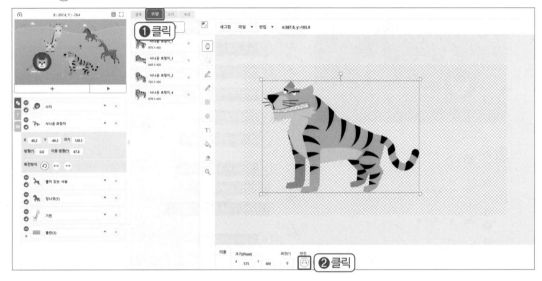

② '사나운 호랑이' 모양이 반대로 되었으면 '사나운 호랑이' 그림 위에 [파일]을 클릭하고 [저장하기]를 해요. 실행 화면에서 '사나운 호랑이' 오브젝트가 방향이 바뀌었는지 확인해 보아요.

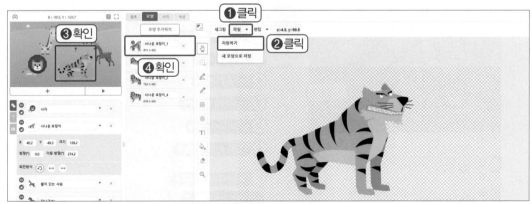

오브젝트의 목록에서도 오브젝트를 이동시킬 수 있어요. X, Y의 좌표값을 변경하면 위치 이동이 가능해요.

01 다음 그림과 같이 오브젝트를 추가해 보아요.

📁 [예제파일] 토끼와거북이.ent

02 다음 그림의 오브젝트를 추가하기 하고 오브젝트의 크기와 방향을 바꾸어 그림과 같이 완성해요.

📁 [예제파일] 해적선과독수리.ent

03강 헬스보이 엔트리봇

이렇게 배워요!

● 모양 바꾸기를 사용하여 움직이는 오브젝트를 만들어 보아요.
● 말풍선을 이용하여 오브젝트가 말하는 방법을 배워보아요.

 01 움직이는 오브젝트 만들기

모양 바꾸기를 사용하여 움직이는 오브젝트를 만들어 보아요.

📂 [완성파일] 헬스보이엔트리봇.ent

① 엔트리를 시작하고 오브젝트 추가하기(➕)를 해요. [배경] 오브젝트에서 '조명이 있는 무대'를 선택하고, '운동하는 엔트리봇' 오브젝트도 추가하여 원하는 데로 크기와 위치를 조정해요. 블록 꾸러미 창의 [모양] 탭에서 오브젝트에 포함된 그림을 확인해요.

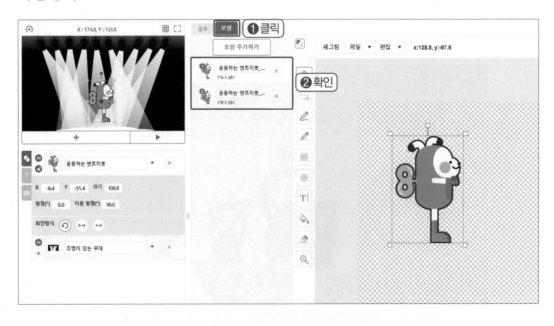

❷ 블록 꾸러미 창에서 [블록]을 클릭하고 ▣ 시작 의 ▶ 시작하기 버튼을 클릭했을 때 를 선택해요. 움직임을 반복하도록 ∧ 흐름 의 10 번 반복하기 ∧ 를 선택하여 블록 조립소에 순서대로 드래그하여 연결해요.

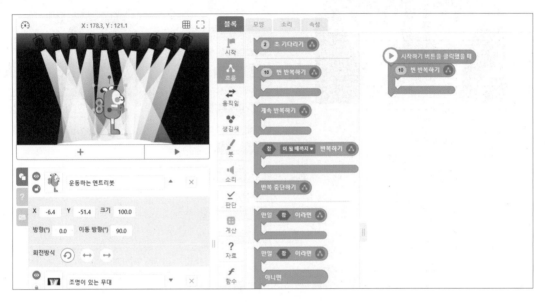

❸ 운동하는 엔트리봇을 나타내기 위해 ⚙ 생김새 의 운동하는 엔트리봇_서기 모양으로 바꾸기 ⚙ 를 선택하고, ∧ 흐름 의 2 초 기다리기 ∧ 를 선택하여 블록 조립소에 연결하고 엔트리봇이 적당한 속도로 운동하도록 시간 값을 '0.5초'로 변경해요.

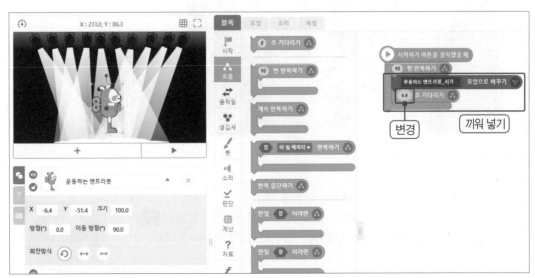

④ 의 `운동하는 엔트리봇_서기` `모양으로 바꾸기` 와 의 `2 초 기다리기` 를 블록조립소에 연결해요. '운동하는 엔트리봇-서기'를 클릭하여 '**운동하는 엔트리봇-앉기**'로 변경하고 시간 값을 '**0.5초**'로 변경해요.

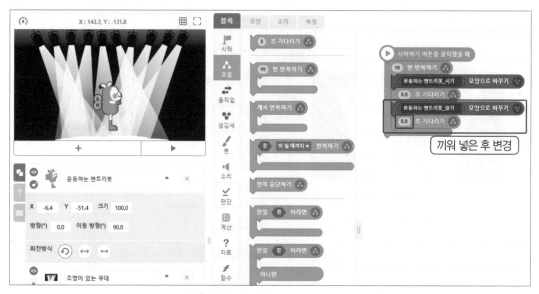

⑤ 실행 화면에 시작하기(▶)를 클릭하고 엔트리봇이 10번 서기 앉기를 반복하는 것을 확인해요.

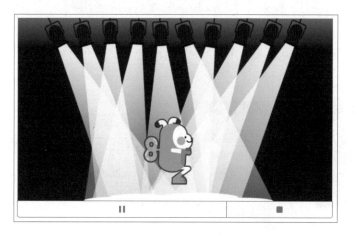

오브젝트의 모양이 반복되는 블록을 조립할 때 오브젝트의 모양 순서대로 하나씩 코딩하는 방법 외에 블록 꾸러미 창에서 의 `다음 ▾ 모양으로 바꾸기` 블록을 사용하여 움직임을 나타낼 수도 있어요.

02 말풍선 사용하기

말풍선을 사용하여 오브젝트가 말하는 방법을 배워보아요.

1 '운동하는 엔트리봇'의 오브젝트를 선택하고 [시작]의 ▶ 시작하기 버튼을 클릭했을 때 블록과 [생김새]의

안녕! 을(를) 4 초 동안 말하기▼ 블록을 선택하고 블록 조립소로 드래그하여 순서대로 연결해요.

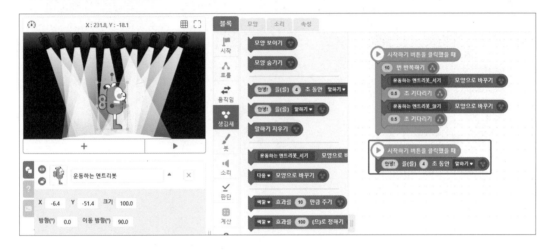

2 안녕! 을(를) 4 초 동안 말하기▼ 블록을 "건강한 몸을 원하십니까?"로 변경해요. 실행 화면
에서 시작하기(▶)를 클릭하고 말풍선이 생기는지 확인해요.

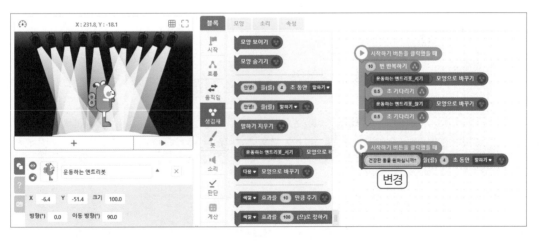

 안녕! 을(를) 4 초 동안 말하기▼ 블록은 안녕! 을(를) 말하기▼ / 4 초 기다리기 / 말하기 지우기 블록코딩과 같아요.

01 다음 그림을 완성하고 강아지가 계속 움직이도록 만들어 보아요.

📁 [예제파일] 눈위강아지.ent

02 다음 그림을 완성하고 말풍선을 만들어 보아요.

📁 [예제파일] 우리것이좋은것이야.ent

04강 피겨왕 엔트리봇

- 움직이며 이동하는 오브젝트를 만들어 보아요.
- 화면 끝에 닿으면 다시 돌아오는 블록을 사용해 보아요.

 01 움직이며 이동하는 오브젝트 만들기

움직이며 이동하는 오브젝트를 만들어 보아요.

📂 [완성파일] 피겨왕엔트리봇.ent

1 오브젝트 추가하기(⬚ + ⬚)를 클릭하고 '스케이트 엔트리봇' 오브젝트와 [배경]에 '스케이트장' 오브젝트를 추가하기 해요. '스케이트 엔트리봇' 오브젝트를 선택하고 블록 꾸러미에 [모양] 탭에 그림을 확인해요. [오브젝트 목록]에 회전 방식을 [좌우회전(↔)]으로 선택해요.

21

❷ 블록 꾸러미 창에서 [시작] 의 ▶ 시작하기 버튼을 클릭했을 때 , [흐름] 의 계속 반복하기 ⌄ 를 선택하고 블록 조립소에 순서대로 드래그하여 연결해요.

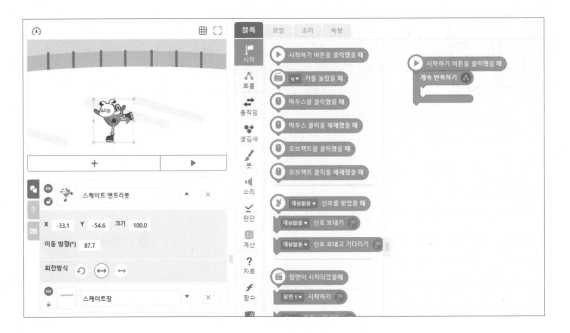

❸ [생김새] 의 다음 ▾ 모양으로 바꾸기 ✹ 를 선택하고 블록 조립소에 끼워 넣어 연결해요.

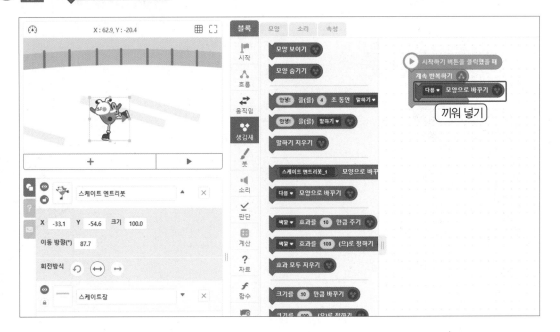

④ 적당한 움직임을 주기 위해  의 `2 초 기다리기` 를 블록 조립소에 드래그하여 연결
한 후 시간 값을 '0.5초'로 변경해요.

⑤ 움직이며 이동하도록 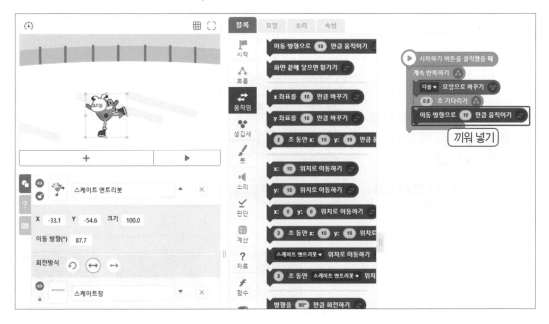 의 `이동 방향으로 10 만큼 움직이기` 를 선택하고 연결해요.

02 화면 끝에 닿으면 다시 돌아오기

오브젝트가 화면 끝에 닿으면 다시 돌아오도록 만들어요.

① 실행 화면에서 시작하기(▶)를 클릭하면 '스케이트 엔트리봇' 오브젝트가 화면 밖으로 사라져버려요. 사라지지 않게 하기 위해 **움직임** 의 **화면 끝에 닿으면 튕기기** 를 선택하고 블록 조립소에 연결해요.

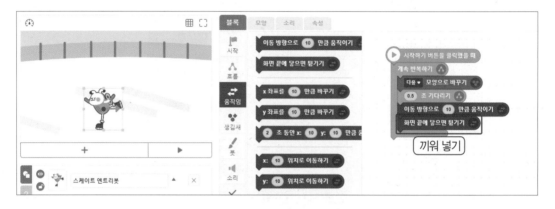

② **시작** 의 **시작하기 버튼을 클릭했을 때** 와 **생김새** 의 **안녕! 을(를) 4 초 동안 말하기▼** 를 블록 조립소에 드래그하여 연결하고 "안녕"을 "**나는 피겨꿈나무 엔트리봇이야!**"로 변경해요.

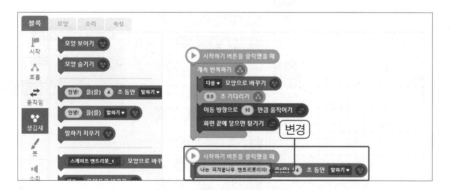

오브젝트가 화면 끝까지 이동하여 돌아오는 방식에는 자유 회전(↻), 좌우 회전(↔), 고정(→)의 세 가지 회전 방식이 있어요.

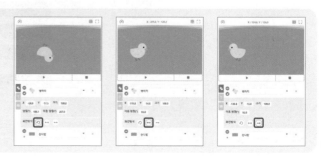

01 다음 그림을 완성하고 '잠자리' 오브젝트가 움직이며 화면 안에서 날아 다니도록 만들어 보아요. 나머지 '엔트리봇'과 '부엉이'도 움직이며 이동하도록 만들어 보아요.

📁 [예제파일] 잠자리부엉이비행.ent

02 이 그림을 완성하고 '움직이는 사자'와 '움직이는 호랑이'를 만들고 '사자'는 이동 방향으로 '10'만큼 움직이고 '호랑이'는 이동 방향으로 '20'만큼 움직이도록 만들어 보아요.

📁 [예제파일] 호랑이사자경주.ent.

05강 상어가 나타났다!

이렇게 배워요!

- 이동방향 화살표를 사용하여 오브젝트의 이동 방향을 설정해요.
- 무작위 수를 사용하여 자유롭게 움직이는 오브젝트를 만들어 보아요.
- 코드 복사를 사용하여 다른 오브젝트에 같은 효과를 내도록 만들어 보아요.

 이동방향 설정하기

이동방향 화살표를 사용하여 오브젝트의 이동 방향을 설정해요.

📂 [완성파일] 상어가나타났다.ent

1 오브젝트 추가하기(+)를 클릭하고 '물고기', '빨간 물고기', '상어(2)' 오브젝트와 [배경]에 '바닷속(1)' 오브젝트를 추가하기 해요. 오브젝트를 드래그하여 원하는 위치에 이동하고 크기를 조절해요.

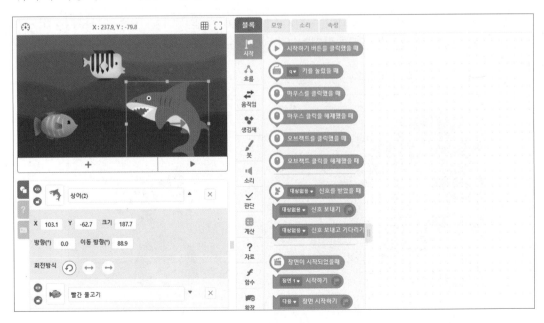

❷ '상어(2)' 오브젝트를 클릭하고 [모양] 탭에서 '상어(2)_2'로 선택하고 이동방향을 변경해요. [오브젝트 목록]에서 회전 방식을 [좌우 회전](↔)으로 선택하고, '물고기'와 '빨간 물고기' 오브젝트도 '상어(2)'와 같은 방법으로 이동방향과 회전방식을 변경해요.

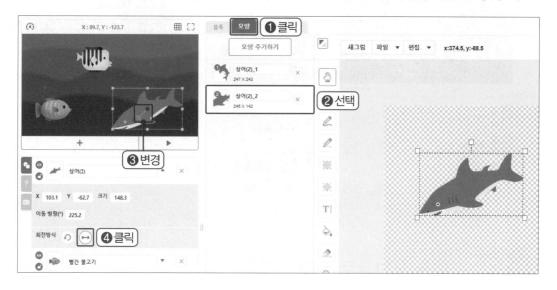

02 자유롭게 움직이는 물고기 만들기

무작위 수를 사용하여 자유롭게 움직이는 물고기를 만들어요.

❶ '물고기' 오브젝트를 선택하고 블록 꾸러미 창에서 시작의 ▶ 시작하기 버튼을 클릭했을 때 와 흐름의 계속 반복하기, 움직임의 이동 방향으로 10 만큼 움직이기, 화면 끝에 닿으면 튕기기 블록을 블록 조립소로 드래그하여 끼워 넣어 연결해요.

② 의 (0 부터 10 사이의 무작위 수)를 이동 방향으로 10 만큼 움직이기 의 10안쪽에 끼워 넣어요.

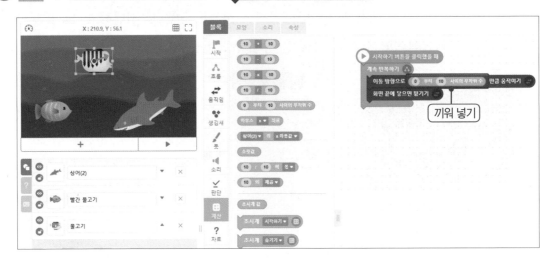

끼워 넣기

---

03 다른 오브젝트에 같은 효과 만들기

코드 복사를 사용하여 다른 오브젝트에 같은 효과를 만들어요.

❶ [오브젝트 목록]에서 '물고기' 오브젝트를 선택해요. [블록 조립소]에 코딩된 블록을
복사하기 위해 ▶ 시작하기 버튼을 클릭했을 때 블록 위에서 마우스 오른쪽 버튼을 눌러 [코드 복사]
를 클릭해요.

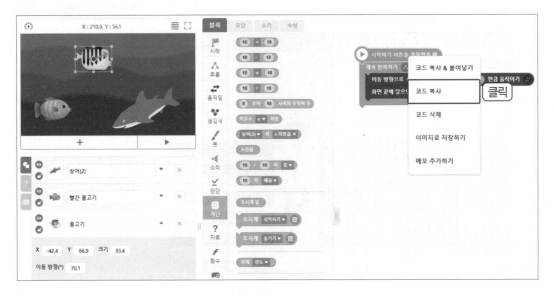

클릭

❷ [오브젝트 목록]에 '상어(2)'를 선택해요. [블록 조립소]에서 오른쪽 마우스 버튼을 눌러 [붙여넣기]를 클릭해요.

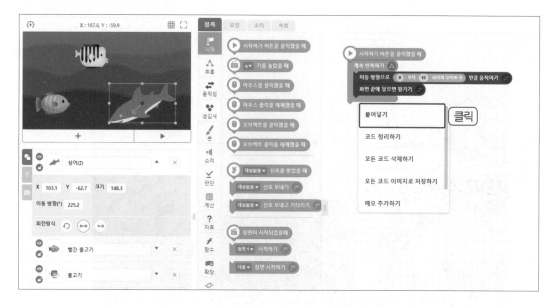

❸ '빨간 물고기' 오브젝트도 선택하고 같은 방법으로 [블록 조립소]에 [붙여넣기]를 해요.

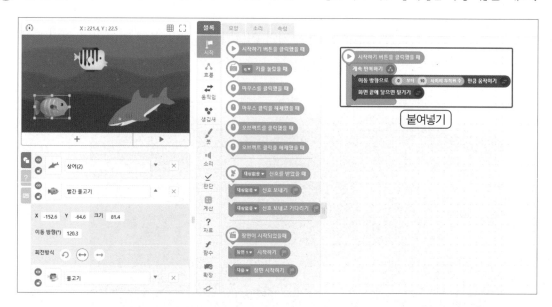

❹ 실행 화면에서 시작하기(▶)를 클릭하고 오브젝트들이 동작하는지 확인해요.

01 다음 그림을 완성하고, 오브젝트마다 [0부터 10사이의 무작위 수]의 값을 변경하여 빠르기를 다르게 만들어요.

[예제파일] 유령소동.ent

02 다음 그림을 완성하고, 오브젝트의 크기와 이동방향을 변경하여 병아리가 엄마 닭을 따라다니도록 만들어요.

[예제파일] 엄마닭과병아리.ent

06강 박쥐친구를 구하라!

이렇게 배워요!

● 키보드의 상하좌우 방향 키로 오브젝트를 움직여 보아요.
● 오브젝트가 특정 오브젝트에 닿으면 출발점에서 다시 시작하도록 만들어 보아요.

01 키보드의 상하좌우 방향 키로 오브젝트 움직이기

키보드의 상하좌우 방향 키로 오브젝트를 움직여 보아요.

📁 [완성파일] 박쥐친구를구하라.ent

1 오브젝트 추가하기(___+___)를 클릭하고 '거미줄', '박쥐(1)', '박쥐(2)', '나뭇잎', '낙엽' 오브젝트와 배경에 '신비로운 숲 속' 오브젝트를 추가하기 해요. 오브젝트를 드래그하여 원하는 위치에 이동하고 크기를 조절해요.

② '박쥐(2)' 오브젝트를 선택하고 의 [q▼ 키를 눌렀을 때] 와 [움직임] 의 [x좌표를 10 만큼 바꾸기], [y좌표를 10 만큼 바꾸기] 를 사용하여 아래 그림과 같이 4개의 블록을 코딩하고, 좌표값을 변경하여 상하좌우로 움직이는 방향 키를 만들어 보아요.

![02] 특정 오브젝트에 닿으면 출발점에서 다시 시작하기

오브젝트가 특정 오브젝트에 닿으면 출발점에서 다시 시작하도록 만들어요.

① '박쥐(2)' 오브젝트를 선택하고 [시작] 의 [시작하기 버튼을 클릭했을 때] 와 [흐름] 에 [2 초 기다리기], [생김새] 의 [안녕! 을(를) 4 초 동안 말하기▼] 를 블록 조립소에 드래그하여 연결해요. "안녕" 문자를 "기다려 내가 구해줄께!!"로 변경해요.

❷ 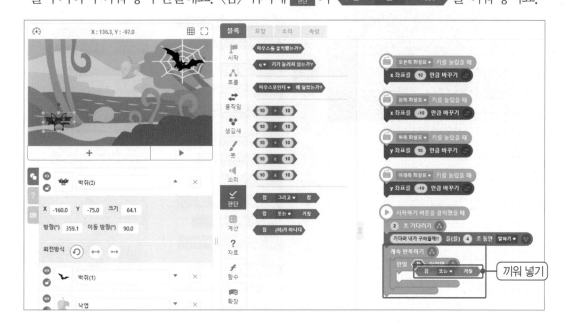 의 계속 반복하기 를 블록 꾸러미에 드래그하여 연결하고, 흐름 의 만일 참 이라면 블록을 추가하여 끼워 넣어 연결해요. 〈참〉 위치에 판단 의 참 또는▼ 거짓 을 끼워 넣어요.

끼워 넣기

❸ 참 또는▼ 거짓 의 〈참〉과 〈거짓〉 위치에 판단 의 마우스포인터▼ 에 닿았는가? 를 끼워 넣고 마우스포인터를 클릭하고 각각의 마우스포인터에 '낙엽'과 '나뭇잎'을 선택해요.

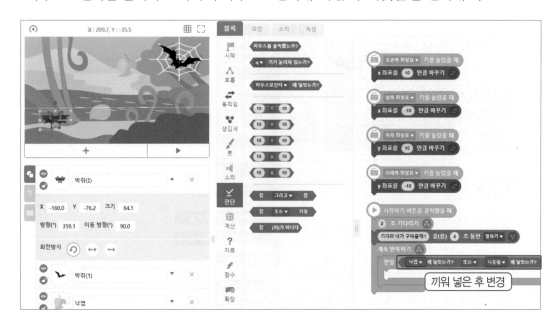

끼워 넣은 후 변경

④ 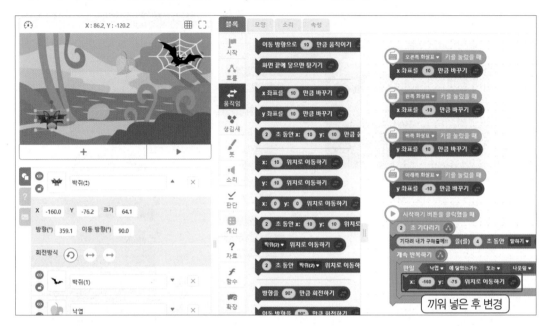 의 `x: 0 y: 0 위치로 이동하기` 를 블록 조립소의 빈 공간에 끼워 넣어요. '박쥐' 오브 젝트의 시작 좌표인 x값은 '-160'으로 y값은 '-75'로 변경해요.

⑤ '박쥐(1)' 오브젝트를 선택하고 `시작하기 버튼을 클릭했을 때` 와 `안녕! 을(를) 4 초 동안 말하기▼` 를 선택하고 드래그하여 블록 조립소에 연결한 후 "안녕"을 **"친구야 살려줘!!"** 로 변경 해요.

34

01 그림과 같이 완성하고, 방향 키를 사용하여 꿀벌이 꽃까지 찾아가도록 만들어요.

[예제파일] 꿀벌여행.ent

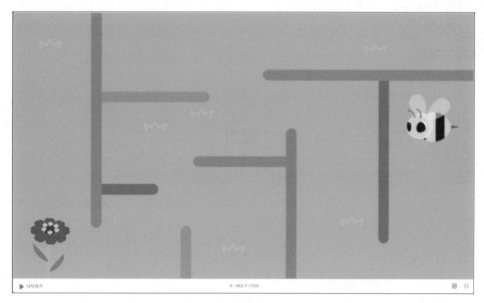

02 고양이가 사탕에 닿으면 처음 시작점으로 돌아가도록 만들어요.

[예제파일] 고양이사탕.ent

07강 사라진 박쥐친구

이렇게 배워요!

● 특정 오브젝트에 닿으면 사라지는 오브젝트를 만들어 보아요.
● 특정 오브젝트에 닿으면 소리가 나도록 만들어 보아요.

01 사라지는 오브젝트 만들기
- -
특정 오브젝트에 닿으면 사라지는 오브젝트를 만들어 보아요.

📁 [완성파일] 사라진박쥐친구.ent

1 '6강 박쥐친구를 구하라!'를 실행해요. [오브젝트 목록]에서 '박쥐(1)' 오브젝트를 선택

하고 흐름 의 계속 반복하기 를 블록 조립소에 드래그하여 연결해요.

② ▲ 흐름 의 만일 참 이라면 ▲ 을 블록 조립소에 드래그하여 끼워 넣어 연결해요.

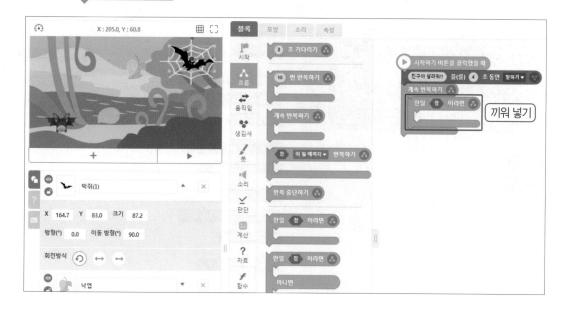

③ 만일 참 이라면 ▲ 의 참 위치에 ✓ 판단 의 마우스포인터 ▼ 에 닿았는가? 를 끼워 넣어요. 마우스포인

터를 클릭하고 '박쥐(2)'를 선택해요.

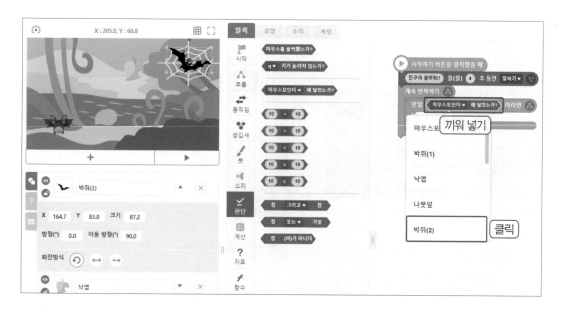

④ 의 [모양 숨기기 ●]를 블록 조립소에 드래그하여 연결해요.

![모니터 02 아이콘]

특정 오브젝트에 닿으면 소리나기

특정 오브젝트에 닿으면 소리가 나도록 만들어 보아요.

❶ [블록 꾸러미]의 🔊 에서 [소리 추가하기]를 클릭하고, [사물]에서 '총 소리3'을 추가하기 해요.

❸ [블록 꾸러미]에 '총 소리3'이 추가되었는지 확인해요.

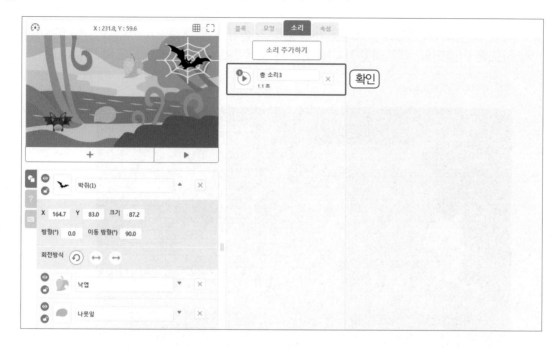

❹ 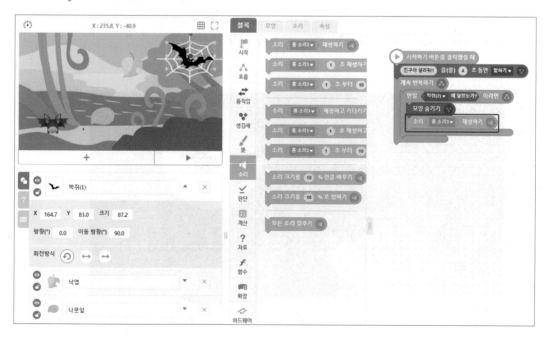 를 블록 조립소에 드래그하여 연결해요.

01 다음 그림을 완성하고, 엔트리봇이 오른쪽 화살표 키를 사용하여 이동방향으로 이동하도록 만들어요. 엔트리봇이 이동하면서 닿은 오브젝트는 사라지도록 만들어요.

[예제파일] 보물획득.ent

02 다음 그림을 완성하고, 소리를 추가하여 스페이스 키를 누르면 늑대 울음소리가 나고 컨트롤 키를 누르면 강아지 짖는 소리가 나도록 만들어보아요.

[예제파일] 한밤의합창.ent

08강 봄의 마술

이렇게 배워요!

- 오브젝트의 중심점을 이동하여 보아요.
- 오브젝트의 중심점을 기준으로 회전하여 예쁜 꽃을 만들어 보아요.

 01 오브젝트의 중심점 이동하기

오브젝트의 중심점을 이동해 보아요.

📂 [완성파일] 봄의마술.ent

1 오브젝트 추가하기(⬚ + ⬚)를 클릭하고 '분홍 꽃잎', '노란 꽃잎' 오브젝트와 배경에 '들판(3)' 오브젝트를 추가하기 해요. 원하는 위치와 크기 조절을 해요.

② '분홍 꽃잎' 오브젝트를 선택하고, 중심점을 가운데에서 꽃잎의 끝 쪽에 이동시켜요.

 오브젝트의 중심점을 기준으로 회전하여 예쁜 꽃 만들기

오브젝트의 중심점을 기준으로 회전하여 예쁜 꽃을 만들어 보아요.

① ▶시작하기 버튼을 클릭했을 때 와 🔟번 반복하기 의 블록을 블록 조립소에 드래그

하여 연결해요. 반복하기 값을 '5'번으로 변경해요.

❷ 의 도장찍기 / 와 움직임 의 방향을 90° 만큼 회전하기 를 블록 조립소 사이에 끼워 넣어요. 회전값을 '90'도에서 '60'도로 변경해요.

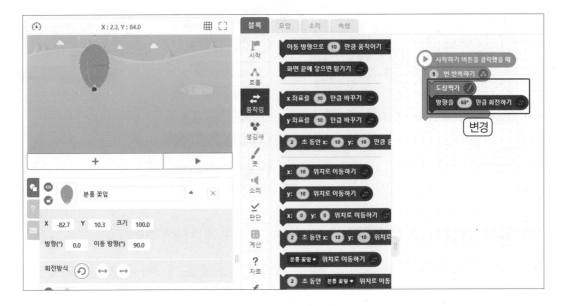

❸ '분홍 꽃잎' 오브젝트를 선택한 블록 조립소의 코딩을 [코드 복사]하고, '노란 꽃잎' 오브젝트를 선택하여 블록 조립소에 [붙여넣기] 해요. '노란 꽃입' 오브젝트의 중심점을 이동해요.

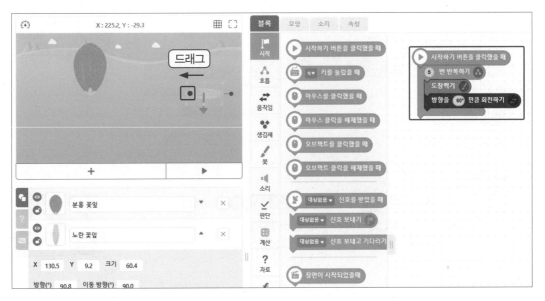

④ 반복하기 횟수를 '**4**'번으로 변경하고, 방향값을 '**75**'도로 변경해요.

⑤ 의 〔색깔▼ 효과를 10 만큼 주기〕를 블록 조립소에 드래그하여 연결해요. 꽃이 피는 속도 조절을 위해 〔흐름〕의 〔2 초 기다리기〕를 블록 조립소에 드래그하여 연결하고, '**0.5**'로 값 을 변경해요.

블록 꾸러미의 〔생김새〕의 〔색깔▼ 효과를 10 만큼 주기〕의 블록은 색 깔을 마우스로 클릭하면 색깔뿐만 아니라 밝기, 투명도를 선택할 수 있어요. 다양한 방법으로 오브젝트에 효과를 줄 수 있어요.

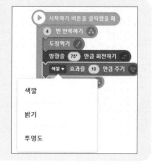

01 다음 그림을 완성하고, 노란 꽃잎이 10장인 꽃이 되도록 만들어요.

📁 [예제파일] 노란꽃잎10장.ent

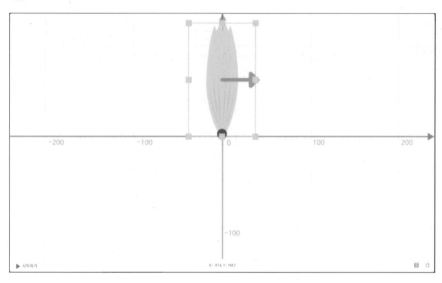

02 '벚꽃' 오브젝트의 중심점을 이동해 회전하고 투명도 효과를 사용해서 다음 그림과 같이 완성해 보아요.

📁 [예제파일] 벚꽃.ent

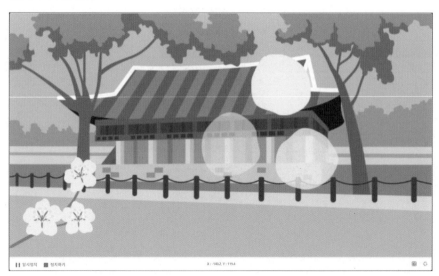

09강 구름낀 하늘

이렇게 배워요!

● 마우스포인터를 따라 움직이는 오브젝트를 만들어 보아요.
● 특정키를 사용해 다양한 오브젝트를 도장찍기로 표현해 보아요.

01 마우스포인터를 따라 움직이는 오브젝트 만들기

마우스포인터를 따라 움직이는 오브젝트를 만들어 보아요.

📂 [완성파일] 구름낀하늘.ent

① 오브젝트 추가하기(⬚ + ⬚)를 클릭하고 '구름(4)' 오브젝트와 [배경]에 '날씨'
오브젝트를 추가하기 해요.

② '구름(4)'오브젝트를 선택하고 의 ▶ 시작하기 버튼을 클릭했을 때 와 의 계속 반복하기, 움직임
의 구름(4)▼ 위치로 이동하기 를 드래그하여 연결해요. '구름(4)'를 클릭하고 **마우스포인터**로
선택해요.

02 특정키를 사용한 다양한 오브젝트 도장찍기

특정키를 사용해 다양한 오브젝트로 도장찍기를 만들어요.

① '구름(4)' 오브젝트를 선택하고 의 마우스를 클릭했을 때 와 의 도장찍기 를 블록
조립소에 드래그하여 연결해요.

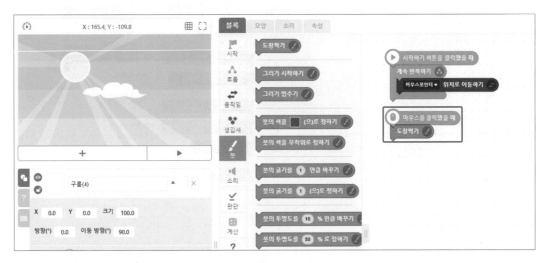

❷ 다양한 구름의 모양을 표현하기 위해서 [모양] 탭에 [모양 추가하기]를 클릭해요. '구름 (3)', '먹구름(1)', '먹구름(2)' 오브젝트를 추가해요.

❸ 🚩 의 (⌨️ q ▼ 키를 눌렀을 때) 와 😮 의 (다음 ▼ 모양으로 바꾸기 💫) 를 블록 조립소에 드래그하여 연결해요. q ▼ 에 마우스 버튼을 눌러 **스페이스키**로 변경해요.

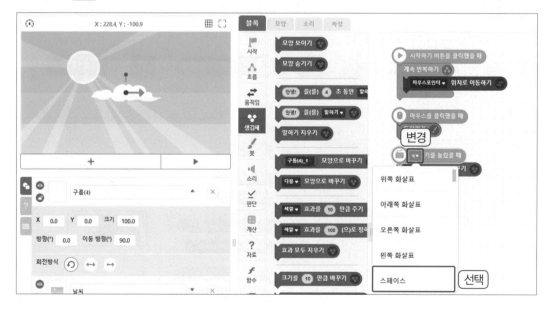

④ 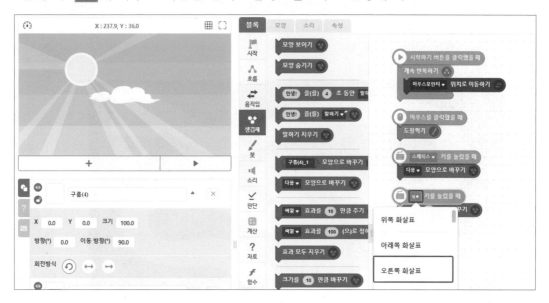 의 키를 눌렀을 때 와 의 크기를 10 만큼 바꾸기 를 블록 조립소에 드래그하여 연결해요. q ▼ 에 마우스 버튼을 눌러 **오른쪽 화살표**키로 변경해요.

⑤  의 키를 눌렀을 때 와 의 크기를 10 만큼 바꾸기 를 블록 조립소에 드래그하여 연결해요. q ▼ 에 마우스 버튼을 눌러 **왼쪽 화살표**키로 변경하고, 크기 값을 10에서 '**-10**'으로 변경해요.

01 다음 그림을 완성하고, 마우스포인터를 따라 움직이는 토끼 버스가 토끼를 태우러 가도록 이동해 보아요.

📁 [예제파일] 토끼버스.ent

02 마우스포인터를 사용하고 마우스를 클릭했을 때 도장찍기로 버섯을 여러 개 만들어 다음 그림처럼 완성해 보아요.

📁 [예제파일] 버섯도장.ent

10강 낙서금지

- 그림판에서 빨간 분필 모양을 만들어 추가하고 마우스포인터를 따를 움직이도록 해보아요.
- 마우스를 클릭했을 때 그리고, 마우스 클릭을 해제하면 그리기가 멈추도록 해보아요.

 그림판에서 빨간 분필 만들어 움직이기

그림판에서 빨간 분필 모양을 만들어 추가하고 마우스포인터를 따라 움직이도록 해보아요.

📂 [완성파일] 낙서금지.ent

① 오브젝트 추가하기(☐ + ☐)를 클릭하고, [새로 그리기]를 클릭해요.

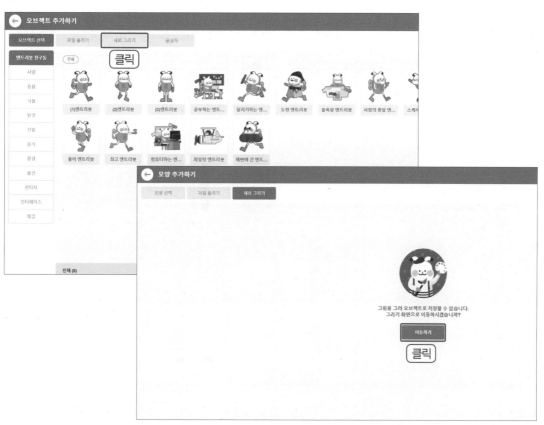

❷ 그림판에 [네모]를 클릭하고 '윤곽선 색상'과 '채우기 색상'을 선택해요.

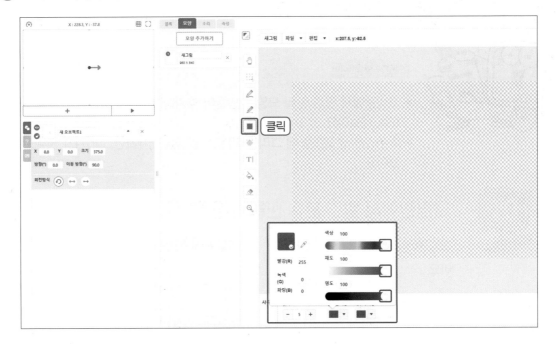

❸ 그리기 판에 마우스를 드래그하여 분필 모양을 만들어요. [파일]에 저장하기를 해요.

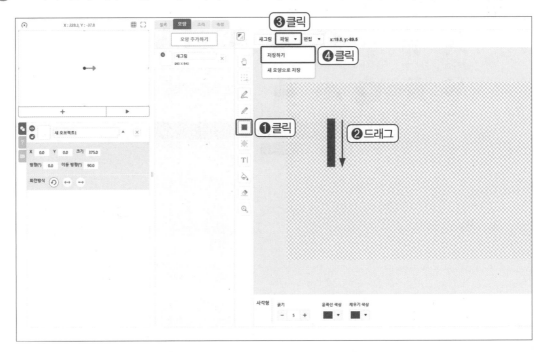

④ 오브젝트 추가하기(+)를 클릭하고 배경에 '칠판' 오브젝트를 추가하기 해요.

⑤ [오브젝트 목록]의 '새 오브젝트1'을 '빨간 분필'로 이름을 변경하고, 중심점을 '빨간 분필' 오브젝트의 끝으로 이동해요. 크기와 위치를 원하는 만큼 조정해요.

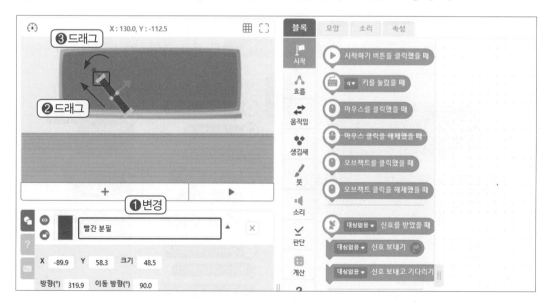

⑥  의 **시작하기 버튼을 클릭했을 때** 와 **흐름** 의 **계속 반복하기**, **움직임** 의 **빨간 분필 ▼ 위치로 이동하기** 를

블록 조립소에 드래그하여 연결해요. '빨간 분필'을 클릭하고 **마우스포인터**를 선택해요.

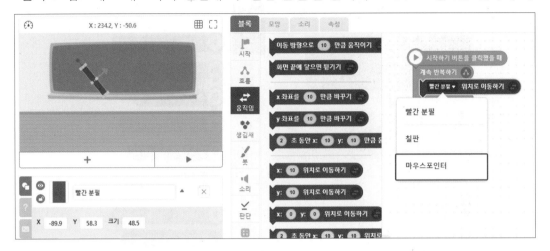

 02 ## 마우스를 클릭하면 그리고, 해제하면 그리기를 멈추기

마우스를 클릭했을 때 그리고, 마우스 클릭을 해제하면 그리기가 멈추도록 해보아요.

❶ **시작** 의 **마우스를 클릭했을 때** 와 **붓** 의 **그리기 시작하기** 를 블록 조립소에 드래그하여 연결하고,

시작 의 **마우스 클릭을 해제했을 때** 와 **붓** 의 **그리기 멈추기** 를 블록 조립소에 드래그하여 연결해요.

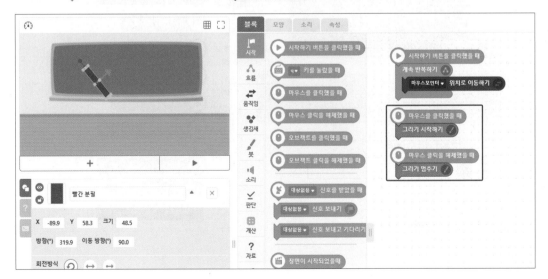

01 오브젝트 추가하기()에 [새로 그리기]의 그림판을 사용하여 나만의
오브젝트를 만들고 이름도 변경해 보아요.

📁 [예제파일] 내친구로봇.ent

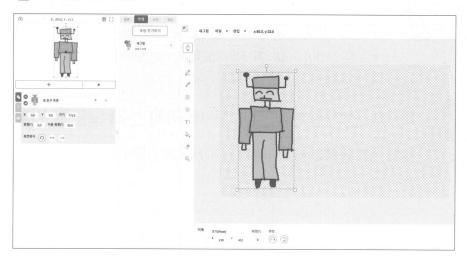

02 '내가 만든 오브젝트'가 마우스포인터를 따라 움직일 때마다 흔적이 남도록 만들어
보아요.

📁 [예제파일] 내친구로봇흔적.ent

11강 학교종이 땡땡땡

이렇게 배워요!

● 피나노 건반 오브젝트에 도에서 라까지 소리가 나도록 만들어 보아요.
● [오브젝트 목록] 창에서 피아노 건반을 복제하여 나머지 건반에 적용해보아요.
● 누른 건반이 커졌다가 작아지도록 만들어 보아요.

 ## 피아노 건반 오브젝트에 도~라까지 소리 나도록 만들기

피아노 건반 오브젝트에 도~라까지 소리가 나도록 만들어 보아요.

📁 [완성파일] 학교종이땡땡땡.ent

① 오브젝트 추가하기(⬚ + ⬚)에서 '피아노 건반' 오브젝트와 [배경]에서 '피아노 배경' 오브젝트를 추가하기 해요. '피아노 건반' 오브젝트를 선택하고 드래그하여 건반의 '도' 위치에 놓아요. [오브젝트 목록]에 이름을 **'도'**로 변경해요.

② [소리] 탭에서 ＿소리 추가하기＿를 클릭하고, **'피아노_04도'**에서 **'피아노_09라'**까지 추가하기 해요.

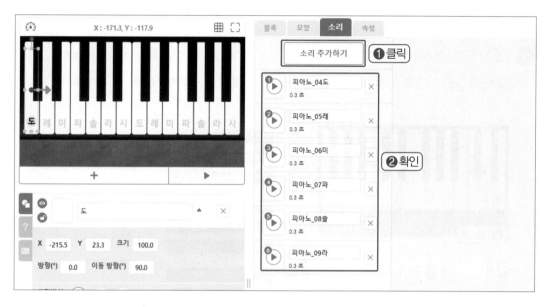

③ [오브젝트 목록]의 '도'를 선택하고 ▶의 ◉ 오브젝트를 클릭했을 때 와 🔊의 소리 피아노_04도▼ 재생하기 🔊를 선택하고 드래그하여 블록 조립소에 연결해요.

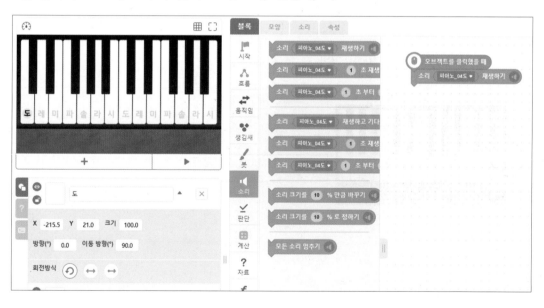

02 오브젝트 복제하고 적용하기

[오브젝트 목록] 창에서 피아노 건반을 복제하여 나머지 건반에 적용해 보아요.

① [오브젝트 목록]에서 '도'를 복제하고 '도1'을 '레'로 변경해요. 실행 화면의 '도'를 드래그하여 '레'자리로 이동 후 블록 조립소의 소릿값을 '피아노-05레'로 선택해요.

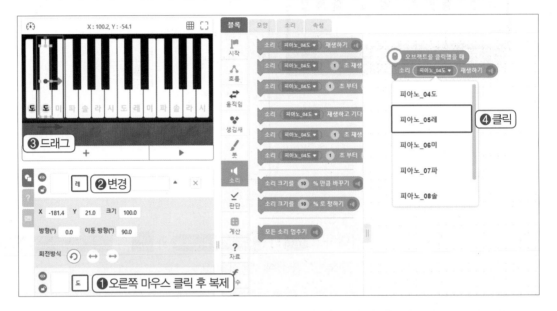

② [모양]탭을 클릭하고 '피아노건반_레'를 선택해요.

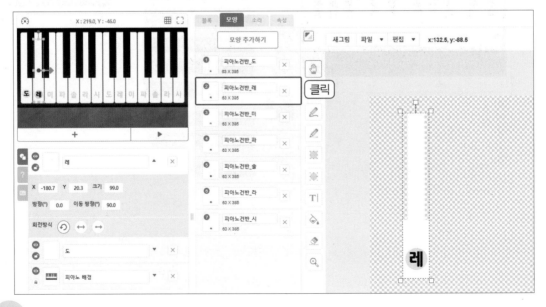

③ 같은 방법으로 '미', '파', '솔', '라'의 오브젝트를 만들어 음에 맞는 소리가 나도록 만들어요.

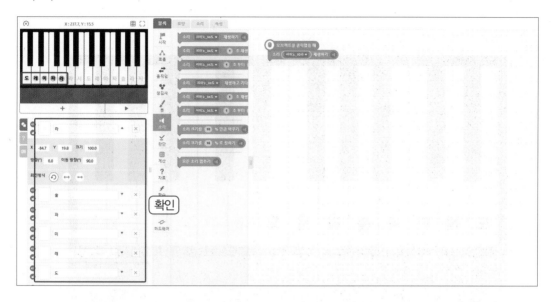

 누른 건반 크기 변하기

- -

누른 건반이 커졌다가 작아지도록 만들어 보아요.

① '도' 오브젝트를 선택하고 생김새 의 `크기를 10 만큼 바꾸기` , 흐름 의 `2 초 기다리기` 와 생김새 의 `크기를 10 만큼 바꾸기` 를 선택하고 드래그하여 블록 조립소에 연결해요. '2'초 값을 '0.1초'로 마지막 블록의 크기 값을 '-10'으로 변경해요. '레-라' 건반에도 [코드 복사]해서 붙여넣기 해요.

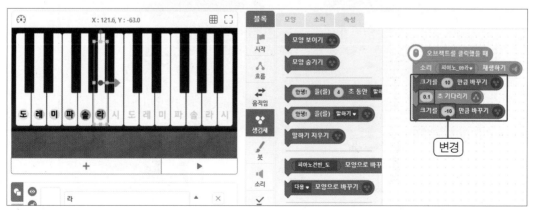

② '솔솔 라라 솔솔미', '솔솔 미미레', '솔솔 라라 솔솔미', '솔미레미도'를 연주해 보아요.

혼자서도 잘해요!

01 '도레미파솔라시도'까지 오브젝트를 클릭하면 맞는 음이 나오도록 만들어봐요.

📁 [예제파일] 피아노건반.ent

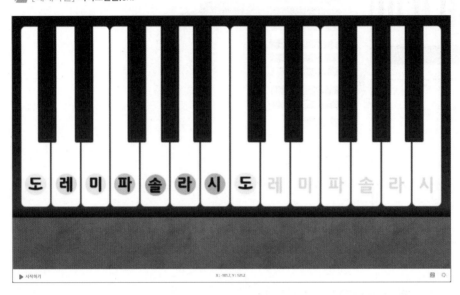

02 다음 그림을 완성하고, 각각의 오브젝트에 어울리는 소리를 추가하고 오브젝트를 누르면 크기가 커졌다가 작아지도록 만들어요.

📁 [예제파일] 공원공연.ent

12강 탐험가 엔트리봇의 순간이동

이렇게 배워요!

● 장면을 추가해 보아요.
● 오브젝트를 클릭했을 때 원하는 장면으로 이동하도록 만들어보아요.

01 장면 추가하기

장면을 추가해 보아요.

📂 [완성파일] 엔트리봇의순간이동.ent

① 오브젝트 추가하기(+   )에서 '파일럿 엔트리봇' 오브젝트와 [배경]에 '설원' 오브젝트를 추가하기 해요. 상단 메뉴 [장면1] 옆에 ➕ 를 클릭해요.

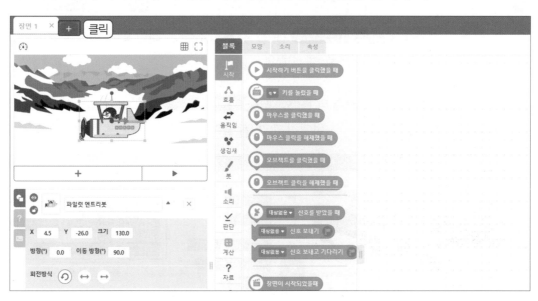

❷ 상단 메뉴에 [장면2]를 클릭하고, 오브젝트 추가하기(▭ + ▭)에서 '파일럿 엔트리봇' 오브젝트와 인터페이스에 '되돌리기' 오브젝트, 배경에 '미래 도시' 오브젝트를 추가하기 해요.

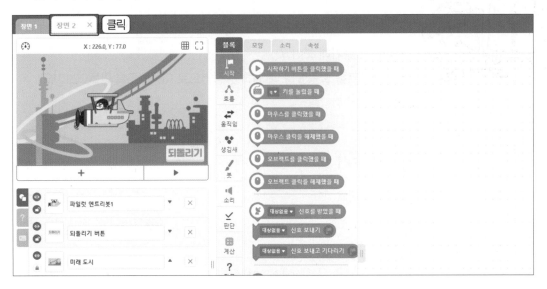

❸ [장면1]을 클릭하고, '파일럿 엔트리봇' 오브젝트를 선택해요. 의 시작하기 버튼을 클릭했을 때 와 생김새의 안녕! 을(를) 4 초 동안 말하기▼ 를 블록 조립소에 드래그하여 연결하고, **"안녕! 나는 탐험가 엔트리봇이야."**, '2'초로 변경해요.

❹ 흐름의 2 초 기다리기 와 생김새의 안녕! 을(를) 4 초 동안 말하기▼ 를 블록 조립소에 드래그하여 연결하고, 시간 값을 '0.2'초로 변경하고 **"나를 클릭해봐!"**를 말하도록 변경해요.

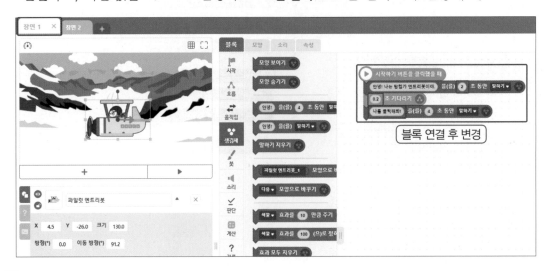

블록 연결 후 변경

02 장면 이동하기

오브젝트를 클릭했을 때 원하는 장면으로 이동하도록 만들어요.

1 의 **마우스를 클릭했을 때** 와 **다음 ▼ 장면 시작하기** 를 블록 조립소에 드래그하여 연결해요.

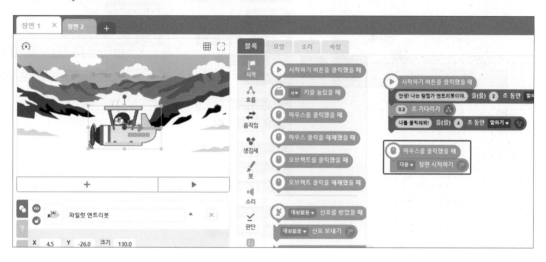

2 [장면2]를 클릭하고 '파일럿 엔트리봇1' 오브젝트를 선택해요. 이동방향과 위치를 원하는 데로 조정해요. 의 **장면이 시작되었을때** 와 의 **10 번 반복하기**, 의 **이동 방향으로 10 만큼 움직이기** 를 선택하고 드래그하여 블록 조립소에 연결해요. 반복 회수를 '20번'으로 변경해요.

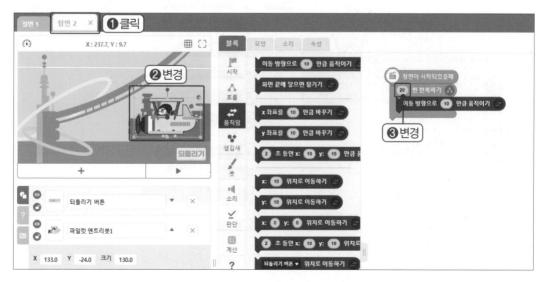

③  의 안녕! 을(를) ④ 초 동안 말하기▼ 와 ⚠ 의 ② 초 기다리기 ⚠ 를 사용하여 다음처럼 말하기를 완성해요.

④ '되돌리기' 오브젝트를 선택하고, 🏳 의 ⚫ 오브젝트를 클릭했을 때 와 장면 1 ▼ 시작하기 🏳 를 드래그하여 블록 조립소에 연결해요.

01 장면을 추가하여 낙타와 잘 어울리는 장면과 고래와 잘 어울리는 장면을 만들어 보아요.

 [예제파일] 낙타고래1.ent

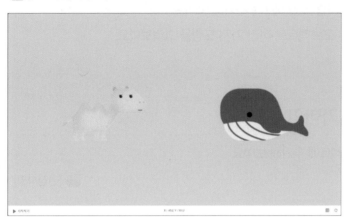

02 ①번 그림의 낙타를 클릭하면 사막으로 고래를 클릭하면 바닷속으로 장면이 이동하도록 만들어 보아요.

[예제파일] 낙타고래2.ent

13강 수학시험

이렇게 배워요!

● 글상자를 오브젝트에 추가해 보아요.
● 연필 오브젝트로 여러 가지 도형을 그려보아요.

01 글상자 추가하기

글상자를 오브젝트에 추가해 보아요.

📁 [완성파일] 수학시험.ent

① 오브젝트 추가하기(+)에서 '선생님(2)', '연필(1)' 오브젝트와 [배경]에 '학교 배경' 오브젝트를 추가하기 해요. 각 오브젝트의 크기를 조절하고 원하는 위치로 변경해요.

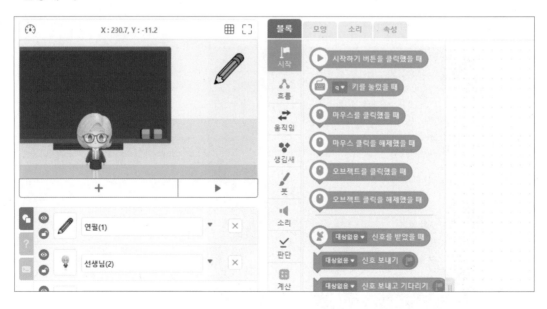

❷ 오브젝트 추가하기(_____ + _____)에서 [글상자]를 클릭하고 '수학시험' 글자를 써요.
글씨체를 '나눔고딕체'와 '굵게'로 변경하고, 색을 '빨강'으로 변경한 후 [적용하기]를
클릭해요.

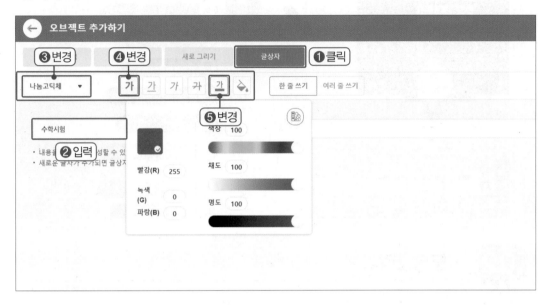

❸ 오브젝트 추가하기(_____ + _____)에서 똑같은 방법으로 **"삼각형을 그려보아요"**를 투명
한 글상자로 만들어요.

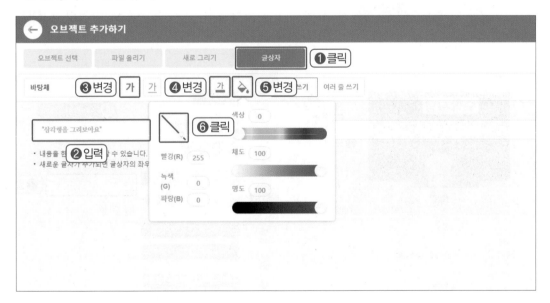

④ 글상자 오브젝트를 적당한 위치로 조정해요.

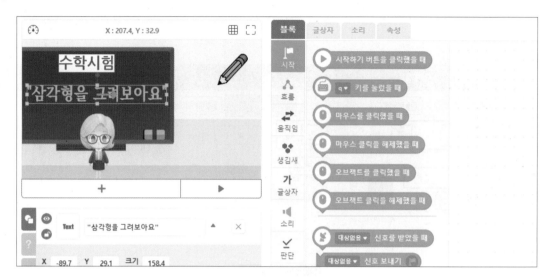

 도형그리기

연필 오브젝트로 여러 가지 도형을 그려보아요.

❶ '연필⑴' 오브젝트를 선택하고 중심점을 연필 끝으로 이동해요. 의 q▼ 키를 눌렀을 때
와 의 그리기 시작하기 를 선택하고 드래그하여 블록 조립소에 연결하고 q▼값을
'3'으로 변경해요.

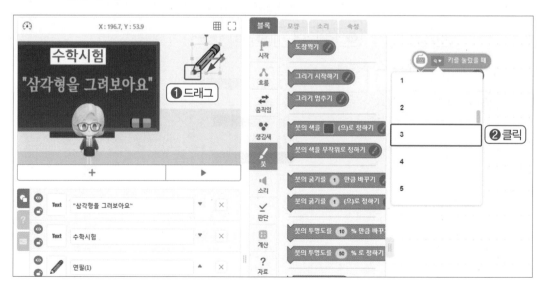

❷ 흐름 의 `10 번 반복하기` 와 움직임 의 `이동 방향으로 10 만큼 움직이기` 를 선택하고 드래그하여 블록 조립소에 연결하고 반복 값 10번을 '**3번**'으로, 움직임 값 10만큼을 '**70**'만큼으로 변경해요.

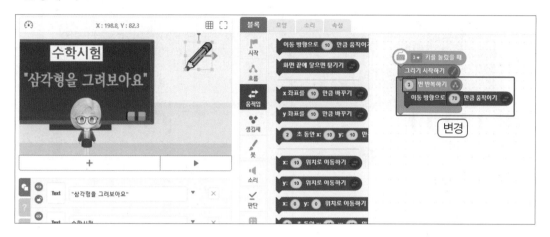

❸ 움직임 의 `방향을 90° 만큼 회전하기` 를 드래그하여 블록 조립소에 끼워 넣어 연결해요. 방향 값을 '**120도**'로 변경해요.

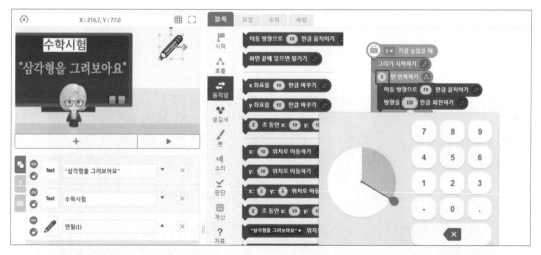

 도형마다 다른 입력값을 생각해 보아요. [10번 반복하기] 블럭과, [방향을 90도 만큼 회전하기] 블록을 사용해요.
– 삼각형 [3번 반복하기], [방향을 120도 만큼 회전하기]
– 사각형 [4번 반복하기], [방향을 90도 만큼 회전하기]
– 오각형 [5번 반복하기], [방향을 72도 만큼 회전하기]
* 다각형의 변의 수를 반복하고, 360÷변의 수 만큼 회전하기 하면 돼요.

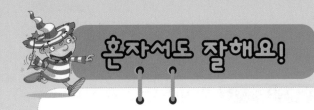
01 다음 그림을 완성해 보아요.

📂 [예제파일] 사각형.ent

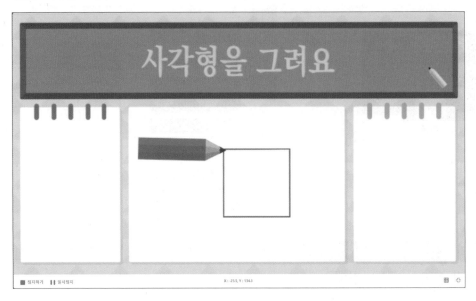

02 사용하고 싶은 오브젝트를 추가하고, 8각형을 그려보아요.

📂 [예제파일] 팔각형.ent

14강 유령의 만찬

이렇게 배워요!

● 오브젝트가 일정한 거리를 두고 마우스포인터를 따라 움직이도록 해 보아요.
● 초시계를 사용하여 유령이 주어진 시간에만 음식을 먹을 수 있도록 만들어 보아요.

 01 일정한 거리를 두고 마우스를 따라 움직이기

오브젝트가 일정한 거리를 두고 마우스포인터를 따라 움직이도록 해 보아요.

📁 [완성파일] 유령의만찬.ent

1 오브젝트 추가하기(+)를 클릭하고, '사과(1)', '햄버거', '조각 피자', '딸기 컵케이크', '컵라면', '유령' 오브젝트와 배경에 '무덤' 오브젝트를 추가하기 해요. 각 오브젝트의 크기를 조정하고 원하는 위치로 변경해요.

2 '유령' 오브젝트를 선택해요. [시작]의 ▶ 시작하기 버튼을 클릭했을 때 와 [흐름]의 계속 반복하기, 만일 〈참〉 이라면 을 드래그하여 블록 조립소에 연결해요. 〈참〉자리에 [판단]의 10 > 10 을 끼워 넣어요. 판단 값의 앞의 〈10〉위치에 [계산]의 유령▼ 까지의 거리 를 끼워 넣고 마우스포인터로 변경한 후, 뒤의 〈10〉의 값을 '5'로 변경해요.

③ 의 유령 ▼ 쪽 바라보기 와 이동 방향으로 10 만큼 움직이기 를 선택하고 드래그하여 블록 조립소에 끼워 넣어 연결해요. '유령'을 마우스로 클릭하여 **마우스포인터**로 선택하고, 움직임 값을 '2'만큼으로 변경해요.

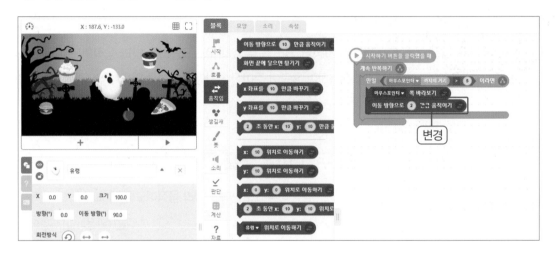

02 초시계 사용하기

초시계를 사용하여 유령이 주어진 시간에만 음식을 먹을 수 있도록 만들어 보아요.

① 의 ▶ 시작하기 버튼을 클릭했을 때 와 의 초시계 시작하기 ▼ 블록을 선택하고 드래그하여 블록 조립소에 연결하고, 실행 화면에 초시계를 원하는 위치로 변경해요.

② 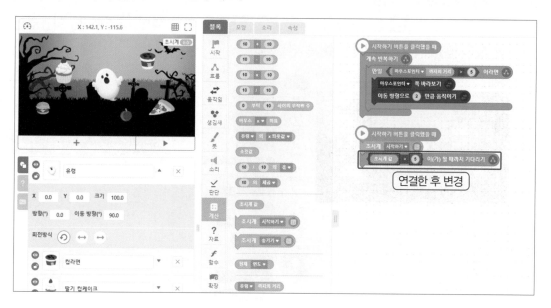 의 《참 이(가) 될 때까지 기다리기 ∧》를 선택하고 드래그하여 블록 조립소에 연결하고, 〈참〉 값을 《10 > 10》 블록을 끼워 넣어요. 앞의 〈10〉값에 《초시계 값》 을 끼워 넣고 뒤의 〈10〉 값은 '5'로 변경해요.

③ 《초시계 시작하기 ▼》와 《모든 코드 멈추기 ∧》 블록을 선택하고 드래그하여 블록 조립소에 연결해요. 《초시계 시작하기 ▼》의 시작하기를 클릭하여 **정지하기**로 선택해요.

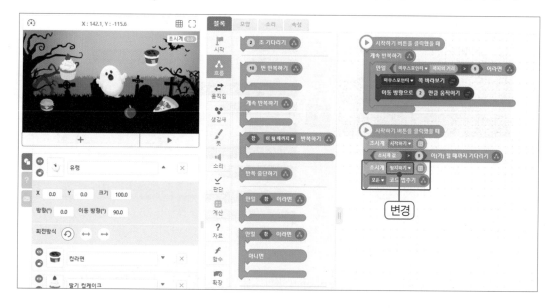

④ '컵라면' 오브젝트를 선택하고 이동방향을 원하는 방향으로 변경해요. 의 시작하기 버튼을 클릭했을 때 와 흐름의 계속 반복하기 , 움직임의 이동 방향으로 10 만큼 움직이기 , 움직임의 이동 방향을 90° 만큼 회전하기 블록을 선택하고 드래그하여 블록 조립소에 연결해요. 이동방향 움직임 값을 계산의 0 부터 10 사이의 무작위 수 를 끼워 넣어 변경해요. 이동방향 회전 값도 [0부터 5사이의 무작위 수]로 변경해요.

⑤ 움직임의 화면 끝에 닿으면 튕기기 블록을 사용하고, 흐름의 만일 참 이라면 블록과 생김새의 모양 숨기기 를 사용하여 유령에 닿으면 모양을 숨기도록 만들어요.

⑥ '컵라면' 오브젝트의 코드를 복사하고 나머지 오브젝트에 붙여넣기 해요. 나머지 오브젝트들도 이동방향을 변경해요.

01 다음 그림을 완성하고 일정한 거리를 두고 마우스 포인트를 따라 움직이는 양탄자를 만들어 보아요.

📁 [예제파일] 양탄자.ent

02 다음 그림을 완성하고, 글로브를 마우스로 조절해서 파이터들과 '10'초 동안 싸우도록 만들어 보아요.

📁 [예제파일] 주먹왕.ent

15강 어린이 축구왕

이렇게 배워요!

● 특정 오브젝트에 닿으면 움직이도록 만들어 보아요.
● 신호를 사용하여 특정 오브젝트가 실행되도록 해보아요.

 01 특정 오브젝트에 닿으면 움직임이 변하도록 만들기

특정 오브젝트에 닿으면 움직임이 변하도록 만들어요.

📁 [완성파일] 어린이축구왕.ent

① 오브젝트 추가하기(+)를 클릭하고, '축구공', '유치원생(1)', '엔트리봇' 오
브젝트와 배경에 '운동장' 오브젝트를 추가하기 해요. 각 오브젝트를 적당한 크기로
조절하고 위치와 방향을 변경해요. '공' 오브젝트를 선택하고 공의 이동방향을 조정
해요.

② '유치원생(1)' 오브젝트가 공의 오른쪽 벽면을 닿으면 멀리 날아가도록 █ 시작 의 ▶ 시작하기 버튼을 클릭했을 때 , █ 흐름 의 ◤참◢ 이(가) 될 때까지 기다리기 █ 와 ◤참◢ 이 될 때까지▼ 반복하기 █ , █ 움직임 의 이동 방향으로 10 만큼 움직이기 를 드래그하여 블록 조립소에 연결해요. █ 판단 의 판단의 ◤마우스포인터▼ 에 닿았는가?◢를 참 위치에 끼워넣고 '유치원생(1)'과 '오른쪽벽'으로 선택해요.

③ '유치원생(1)' 오브젝트를 선택하고, 이동방향을 변경해요. █ 시작 의 ▶ 시작하기 버튼을 클릭했을 때 와 █ 흐름 의 ◤참◢ 이 될 때까지▼ 반복하기 █ , █ 움직임 의 이동 방향으로 10 만큼 움직이기 를 드래그하여 블록 조립소에 연결해요. 〈참〉위치에 ◤마우스포인터▼ 에 닿았는가?◢를 끼워 넣고 **'축구공'**을 선택해요. 움직임 값은 **'30'**으로 변경해요.

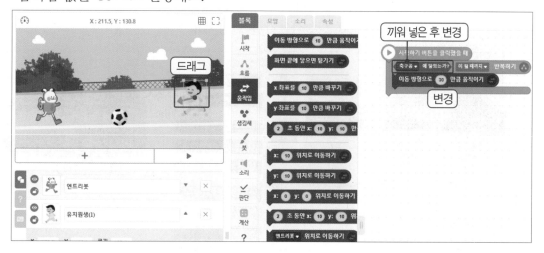

④ 실행 화면을 시작하고, 어린이가 공으로 달려가서 공에 닿으면 공이 날아가는지 확인해요.

⑤ '엔트리봇' 오브젝트를 선택하고, 이동 방향을 변경해요. ⚑ 의 ▶ 시작하기 버튼을 클릭했을 때
와 ⋀ 의 `참 이 될 때까지 반복하기 ⋀` 를 드래그하여 블록 조립소에 연결해요. 〈참〉위치에
✓ 판단 의 `마우스포인터 에 달았는가?`를 끼워 넣고 '마우스포인터'를 **'축구공'**으로 변경해요.

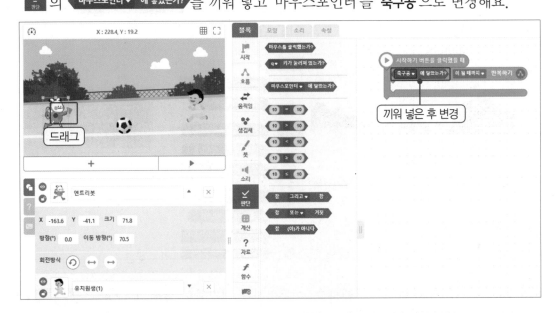

⑥ 엔트리봇이 움직이며 공근처까지 가도록 ❀ 생김새 의 `다음 모양으로 바꾸기 ❀`와 ⋀ 흐름 의 `2 초 기다리기 ⋀`,
⇄ 움직임 의 `2 초 동안 x: 10 y: 10 위치로 이동하기`를 드래그하여 블록 조립소에 연결하고 기다리
기 값을 '0.2초'로 변경해요. 엔트리봇의 멈추는 위치를 정해주기 위해 좌표값을 사용
해요. '1초 동안 x:-70 y:-30'으로 좌표값을 변경해요.

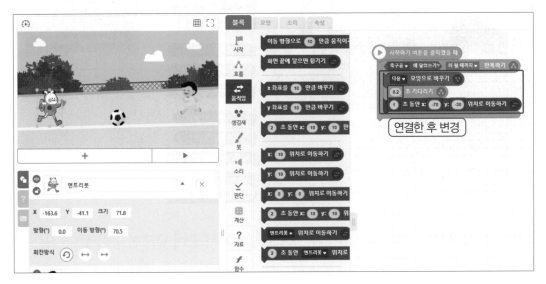

02 신호를 사용하여 오브젝트 실행하기

신호를 사용하여 특정오브젝트가 실행되도록 해보아요.

❶ '유치원생(1)' 오브젝트를 선택하고 [속성] 탭을 클릭해요. [신호]를 선택하고 '슛~' [신호 추가하기]를 해요. 『생김새』의 `안녕! 을(를) 4 초 동안 말하기▼`와 『시작』의 `슛~▼ 신호 보내기`를 드래그하여 블록 조립소에 연결해요. '안녕'을 '**슛~**'으로 4초를 '**2초**'로 변경해요.

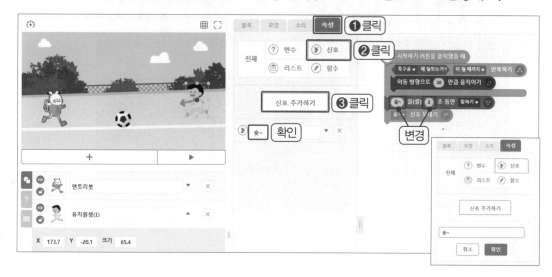

❷ "슛~" 신호를 받으면 엔트리봇이 반응하도록 만들어요. '엔트리봇' 오브젝트를 선택하고 『시작』의 `슛~▼ 신호를 받았을 때`와 『생김새』의 `안녕! 을(를) 4 초 동안 말하기▼`, 『흐름』의 `모든▼ 코드 멈추기`를 드래그하여 블록 조립소에 연결해요. "안녕"을 "**내가 한발 늦었다**"로 시간 값을 '**2초**' 변경해요.

01 다음 그림을 완성하고, 야구방망이가 야구공에 닿으면 야구공이 날아가도록 만들어 보아요.

📁 [예제파일] 빅볼홈런.ent

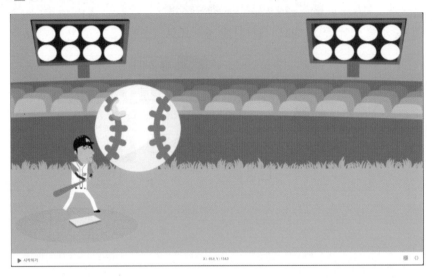

02 다음 그림을 완성하고, 마법사가 "열려라 참깨!!!"신호를 보내면 보물 상자의 문이 열리도록 만들어요.

📁 [예제파일] 열려라참깨.ent

16강 별똥별을 피하라!

이렇게 배워요!

- 우주인에 닿지 않으면 무작위로 떨어지는 별을 만들어 보아요.
- 별이 우주인에 닿으면 동작을 멈추도록 만들어 보아요.
- 방향 키를 사용하여 우주인이 별을 피하도록 만들어요.

 별똥별 만들기

우주인에 닿지 않으면 무작위로 떨어지는 별을 만들어 보아요.

📁 [완성파일] 별똥별피하기.ent

1️⃣ 오브젝트 추가하기(⬚ + ⬚)를 클릭하고, '우주인(1)', '작은 별' 오브젝트와 배경의 '우주(1)' 오브젝트를 추가하기 해요. '작은 별' 오브젝트를 선택하고, 크기와 위치를 변경해요. 이동 방향은 아래쪽으로 변경해요.

2️⃣ 📍의 ▶시작하기 버튼을 클릭했을 때 와 ⚡의 계속 반복하기, 만일 참 이라면/아니면 블록을 드래그하여 블록 조립소에 연결해요. 〈참〉위치에 ✓의 마우스포인터 ▼ 에 닿았는가? 를 끼워 넣고 마우스 포인터를 '아래쪽 벽'으로 선택해요.

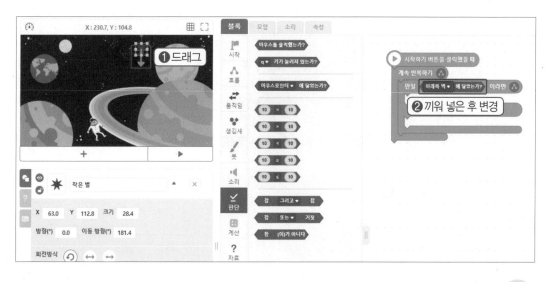

③ 의 `x: 10 위치로 이동하기` 와 `y: 10 위치로 이동하기` 를 드래그하여 블록 조립소에 끼워 넣어요. x값에 의 `0 부터 10 사이의 무작위 수` 를 끼워 넣고, '–220'과 '220'으로 변경해요. y값은 '135'로 변경해요.

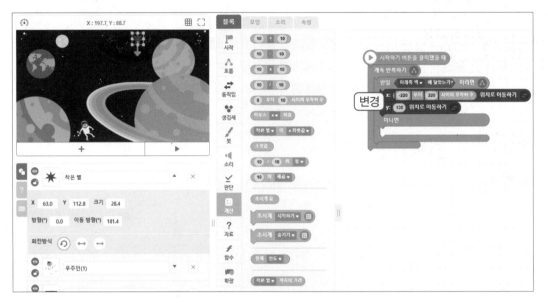

화면에 보이는 x축 y축의 크기는 아래와 같아요
- 화면에 보이는 x축: 0점을 중심으로 왼쪽으로 240(–240) 오른쪽으로 240(+240)
- 화면에 보이는 y축: 0점을 중심으로 아래쪽으로 135(–135) 위쪽으로 135(+135)

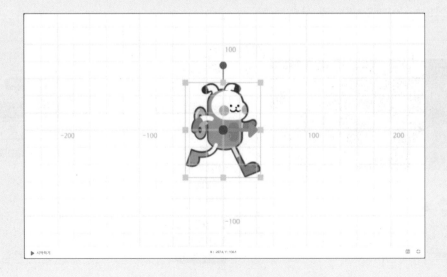

우주인에 닿은 별 멈추기

별이 우주인에 닿으면 동작을 멈추도록 만들어요.

1 ⚒의 `만일 참 이라면 아니면`과 `2 초 기다리기`, `모든▼ 코드 멈추기`를 드래그하여 블록 조립소에 끼워 넣어 연결해요. 〈참〉 위치에 ✔의 `마우스포인터▼ 에 닿았는가?`를 끼워 넣고 '우주인(1)'으로 변경해요. 기다리기 값은 '**0.5초**'로 변경해요.

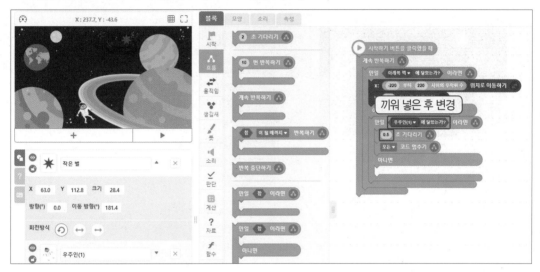

2 ⚒의 `이동 방향으로 10 만큼 움직이기`를 드래그하여 블록 조립소에 연결해요. 실행 화면에 시작하기(▶)를 클릭하고 별의 움직임을 확인해요.

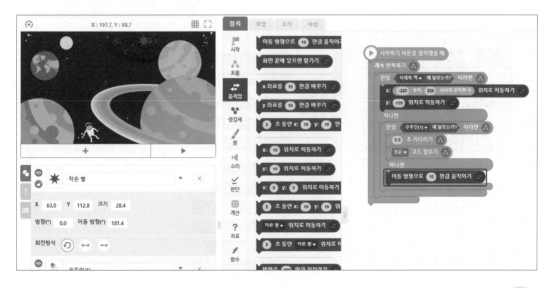

03 별피하기

방향 키를 사용하여 우주인이 별을 피하도록 만들어요.

① '우주인(1)' 오브젝트를 선택하고, [시작] 의 ▶시작하기 버튼을 클릭했을 때 와 [흐름] 의 참 이 될 때까지▼ 반복하기 를 드래그하여 블록 조립소에 연결해요. 〈참〉 위치에 [판단] 의 마우스포인터▼ 에 닿았는가? 를 끼워 넣고 '**작은 별**'로 선택해요.

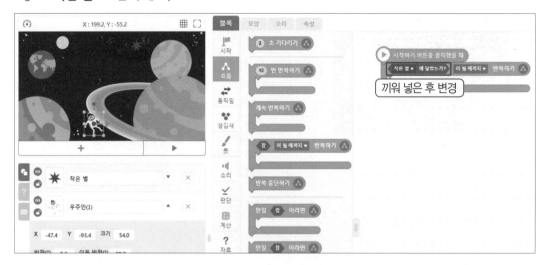

② [흐름] 의 만일 참 이라면 과 [움직임] 의 이동 방향으로 10 만큼 움직이기 을 반복연결하고 〈참〉에 각각 [판단] 의 q▼ 키가 눌러져 있는가? 를 끼워 넣고 q▼에 마우스 버튼을 눌러 '**오른쪽화살표**'와 '**왼쪽화살표**'로 선택해요. 이동방향 움직임 값을 왼쪽 화살표 쪽만 '**-10**'만큼으로 변경해요.

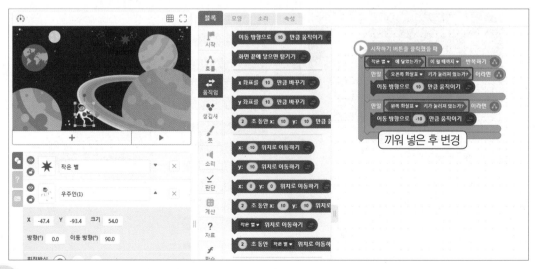

③ 블록 꾸러미의 소리를 클릭하고, '남자 비명' 소리를 추가하기 해요.

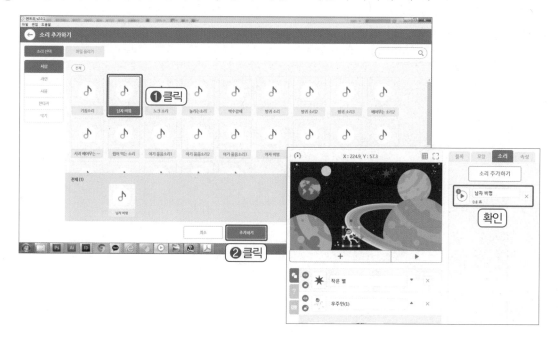

④ 의 소리 남자 비명▼ 1 초 재생하기 를 드래그하여 연결해요.

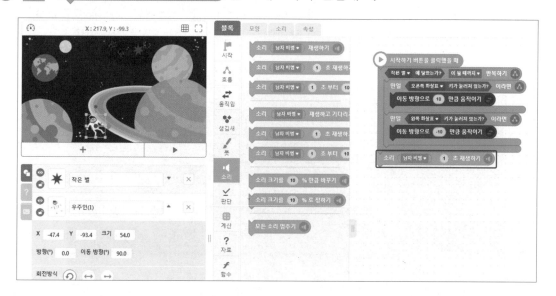

⑤ 실행 화면을 시작하고, 방향 키를 이용해서 별똥별을 피하는 게임을 해보아요.

01 다음 그림을 완성하고, 눈이 내리도록 만들어요.

📁 [예제파일] 눈오는날.ent

02 다음 그림을 완성하고. 무작위로 떨어지는 황금 사과를 만들어요. 마우스포인터를 따라 움직이는 요정이 황금 사과에 닿으면 사과의 색이 변하도록 만들어요.

📁 [예제파일] 황금사과받기.ent

 숨바꼭질하기

📁 [연습파일] 숨바꼭질하기.ent

여러 가지 오브젝트를 추가하고, 모양을 숨겼다가 특정키를 클릭하면 모양이 보이도록 해요. 모양이 보일 때 이야기를 하며 움직이는 오브젝트를 완성해 보아요.

HINT

- 추가한 오브젝트 : '분리수거함', '사탕나무', '그루터기', '곰 로봇', '네모로봇', '둥근로봇', '놀이터'
- 이동방향 화살표 변경
- 특정키 사용하기
- 모양 바꾸기, 모양보이고 숨기기 (시작하면 숨기고 특정키를 누르면 보여요)
- 사용한 블록 : ▶ 시작하기 버튼을 클릭했을 때 , ⌨ q▾ 키를 눌렀을 때 , 2 초 기다리기 ⌃ ,

  모양 보이기 ❄ , 모양 숨기기 ❄ , 다음▾ 모양으로 바꾸기 ❄ ,

  안녕! 을(를) 4 초 동안 말하기 ▾ ❄ , 이동 방향으로 10 만큼 움직이기

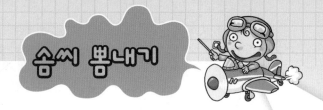

 ## 놀자고 유혹하는 유령만들기

📁 [연습파일] 유령만들기.ent

동굴 안에 사는 좀비 유령이 지나가며 놀자고 유혹해요. 해골 유령은 클릭하면 회전하면서 크기가 커지고 도장찍기로 모양을 남겨요. 으스스한 소리도 추가해요

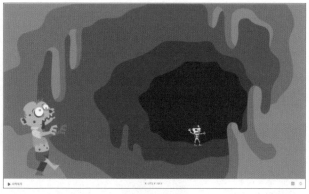

HINT
- 추가한 오브젝트 : '좀비(3)', '해골병사', '동굴 속'
- 이동방향 화살표변경
- 소리추가 : '웃음소리'
- 회전, 크기변화, 도장찍기
- 사용한 블록 :

 집 나간 양탄자 찾기

📁 [연습파일] 집나간양탄자찾기.ent

글상자를 이용해 이야기를 만들고, 여러 장면을 만들어요. 오브젝트를 클릭하면 장면이 이동하고 오브젝트들이 다양하게 움직이도록 만들어요.

HINT

- 추가한 오브젝트 : '아랍 공주', '아랍 왕자', '램프 요정', '알라딘 배경', '고양이 버스', '작은 버스', '빨간 자동차', '택시', '마법 양탄자(1)', '마법 양탄자(2)', '도시(2)'
- 오브젝트 이동방향 변경, 회전
- 신호 이용하여 지니 나오기
- 장면 추가하고 바꾸기
- 자동차 양방향 지나가기
- 사용한 블록 :

📁 [연습파일] 생일축하하기.ent

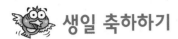
생일 축하하기

오브젝트를 클릭하여 "레레미레 솔솔파, 레레미레 라라솔" 생일 축하곡을 완성하고, 오브젝트의 크기가 커졌다 작아지도록 만들어요. 새로운 글상자를 추가해서 각자 음을 알려줘요.

HINT
- 추가한 오브젝트 : '개구쟁이', '기차 운전사(1)', '괴짜박사', '군인(1)', '뛰어노는 아이', '생일 파티'
- 글상자 추가하기 : '레', '미', '파', '솔', '라'
- 오브젝트 크기가 커졌다가 다시 작아지기
- 소리 추가하기 : '피아노_05레~피아노_09라'
- 사용한 블록 : 🔘 오브젝트를 클릭했을 때 , 크기를 10 만큼 바꾸기 , 2 초 기다리기 ,

  ▶ 시작하기 버튼을 클릭했을 때 , 안녕! 을(를) 말하기▼ , 소리 대상없음▼ 재생하기

 상어의 물고기 잡기

📁 [연습파일] 상어의물고기잡기.ent

상어가 5초 동안 열심히 도망 다니는 작은 물고기를 잡아먹도록 만들어요.

HINT
- 추가한 오브젝트 : '빨간 물고기', '물고기', '주황 물고기', '상어(1)', '긴 해파리', '등푸른 물고기', '아귀', '바닷속(2)'
- "5강 상어가 나타났다!" 를 참고
- 이동방향 변경 , 무작위수 사용하기
- 초시계 사용하기 (초시계 값 ≥ 5)
- 모양보이고 숨기기, 모양바꾸기
- 사용한 블록 :

91

 회색빛 하늘 만들기

📁 [연습파일] 회색빛하늘만들기.ent

해적선이 지나간 하늘이 온통 회색 구름이 뒤덮여지도록 만들어요. 해는 색이 변하지 않도록 만들어요.

HINT

- 추가한 오브젝트 : '해적선(2)', '해', '날씨'
- 이동 방향 변경
- 그리기 시작하기, 붓의 색 변경, 붓의 굵기 변경
- 사용한 블록 :

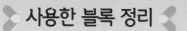
사용한 블록 정리

● **시작블록** : 블록의 실행 조건을 설정해요.

시작하기 버튼을 클릭했을 때	[시작하기] 버튼을 클릭하면 아래에 연결된 블록들을 실행해요.
q▼ 키를 눌렀을 때	지정된 키를 누르면 아래에 연결된 블록들을 실행해요.
마우스를 클릭했을 때	마우스 버튼을 클릭했을 때 아래에 연결된 블록을 실행해요.
마우스 클릭을 해제했을 때	마우스 버튼 클릭을 해제했을 때 아래에 연결된 블록을 실행해요.
오브젝트를 클릭했을 때	해당 오브젝트를 클릭했을 때 아래에 연결된 블록을 실행해요.
오브젝트 클릭을 해제했을 때	해당 오브젝트 클릭을 해제했을 때 아래에 연결된 블록을 실행해요.
대상없음▼ 신호를 받았을 때	해당 신호를 받으면 연결된 블록들을 실행해요.
대상없음▼ 신호 보내기	목록에 선택한 신호를 보내요.
장면이 시작되었을때	장면이 시작되면 아래에 연결된 블록들을 실행해요.
다음▼ 장면 시작하기	다음 장면을 시작해요.

● **흐름블록** : 블록을 반복하거나 조건에 따라 흐름을 정해요.

2 초 기다리기	설정한 시간만큼 기다리고 다음 블록을 실행해요.
10 번 반복하기	설정한 횟수만큼 포함된 블록들을 반복 실행해요.
계속 반복하기	포함된 블록들을 계속 반복 실행해요.

블록	설명
참 이 될 때까지▼ 반복하기	판단이 참이 될 때까지 포함된 블록들을 반복 실행해요.
만일 참 이라면	만일 판단이 참이면 포함된 블록들을 실행해요.
만일 참 이라면 아니면	만일 판단이 참이면 첫 번째 포함된 블록들을 실행하고 거짓이면 두 번째 포함된 블록들을 실행해요.
참 이(가) 될 때까지 기다리기	판단이 참이 될 때까지 실행을 멈추고 기다려요.
모든▼ 코드 멈추기	모든 오브젝트의 코드가 실행을 멈춰요.

● **움직임 블록** 🔁 움직임 : 오브젝트 위치나 방향 등의 움직임을 선택해요.

블록	설명
이동 방향으로 10 만큼 움직이기	설정한 값만큼 오브젝트가 이동 방향에 따라 움직여요.
화면 끝에 닿으면 튕기기	오브젝트가 화면 끝에 닿으면 튕겨요
x 좌표를 10 만큼 바꾸기	오브젝트의 x좌표를 설정한 값만큼 바꿔요.
y 좌표를 10 만큼 바꾸기	오브젝트의 y좌표를 설정한 값만큼 바꿔요.
2 초 동안 x: 10 y: 10 만큼 움직이기	오브젝트가 중심점을 기준으로 입력한 시간 동안 좌표값만큼 이동해요.
x: 10 위치로 이동하기	오브젝트가 중심점을 기준으로 입력한 x좌표로 이동해요.
y: 10 위치로 이동하기	오브젝트가 중심점을 기준으로 입력한 y좌표로 이동해요.
x: 0 y: 0 위치로 이동하기	오브젝트가 중심점을 기준으로 입력한 x와 y좌표로 이동해요.

마우스포인터 ▼ 위치로 이동하기	오브젝트가 중심점을 기준으로 선택한 오브젝트 또는 마우스포인터의 위치로 이동해요.
방향을 90° 만큼 회전하기	오브젝트가 중심점을 기준으로 입력한 각도만큼 시계 방향으로 회전해요.
이동 방향을 90° 만큼 회전하기	오브젝트의 이동 방향을 입력한 각도만큼 회전해요.
마우스포인터 ▼ 쪽 바라보기	오브젝트 이동 방향이 선택된 항목을 향하도록 오브젝트 방향을 회전해요.

● **생김새 블록** 🎴 생김새 : 오브젝트 모양 등 외형에 관한 블록이에요.

모양 보이기	오브젝트가 화면에 나타나요.
모양 숨기기	오브젝트를 화면에서 숨겨요.
안녕! 을(를) 4 초 동안 말하기 ▼	오브젝트가 입력한 내용을 시간 동안 말풍선으로 말하고 다음 블록이 실행돼요.
안녕! 을(를) 말하기 ▼	오브젝트가 입력한 내용을 말풍선으로 말하는 동시에 다음 블록이 실행돼요.
대상없음 모양으로 바꾸기	오브젝트를 선택한 모양으로 바꿔요.
다음 ▼ 모양으로 바꾸기	오브젝트를 다음 모양으로 바꿔요.
색깔 ▼ 효과를 10 만큼 주기	오브젝트에 색깔 효과를 입력한 값만큼 표현해요.
크기를 10 만큼 바꾸기	오브젝트에 크기를 입력한 만큼 바꿔요.

● **붓 블록** 🖌️ 붓 : 선을 이용한 그림 등을 그리는 기능을 제공해요.

도장찍기	오브젝트의 모양을 도장 찍듯이 화면에 찍어요.
그리기 시작하기	오브젝트가 이동하는 데로 선을 그려요.

`붓의 색을 ☐ (으)로 정하기 🖌`	오브젝트가 그리는 선의 색을 정해요.
`붓의 굵기를 1 (으)로 정하기 🖌`	오브젝트가 그리는 선의 굵기를 정해요.

● **소리 블록** 🔊 소리 : 추가한 소리를 실행하거나 멈춰요.

`소리 대상없음 ▾ 재생하기 🔊`	오브젝트가 선택한 소리를 재생하는 동시에 다음 블록을 실행해요.
`소리 대상없음 ▾ 1 초 재생하기 🔊`	오브젝트가 선택한 소리를 입력한 시간 동안 재생하는 동시에 다음 블록을 실행해요.

● **판단 블록** ✓ 판단 : 조건에 대한 판단을 위한 블록이며 변수와 함께 사용해요.

`마우스포인터 ▾ 에 닿았는가?`	해당 오브젝트가 선택한 항목에 닿으면 참으로 판단해요.
`10 > 10`	왼쪽 항이 오른쪽 항보다 크면 참으로 판단해요.
`10 ≥ 10`	왼쪽 항이 오른쪽 항보다 크거나 같으면 참으로 판단해요.
`참 또는 ▾ 거짓`	두 가지 판단 중 하나라도 참이면 참으로 판단해요.

● **계산 블록** 🖩 계산 : 사칙연산 등을 통해 계산해요.

`0 부터 10 사이의 무작위 수`	입력한 두 개의 수 사이에서 선택된 무작위 수의 값이에요.
`초시계 값`	블록이 실행되는 순간 초시계에 저장된 값이에요.
`초시계 시작하기 ▾ 🕒`	초시계를 시작해요.